ジャパン・ツーリスト・ビューロー
ツーリスト　大正篇　別巻

2019年10月15日　印刷
2019年10月25日　第1版第1刷発行

［総監修］　公益財団法人日本交通公社 旅の図書館
［監　修］　荒山正彦《あらやままさひこ》
［発行者］　鈴木一行
［発行所］　株式会社ゆまに書房
〒101-0047　東京都千代田区内神田2-7-6
tel. 03-5296-0491 / fax. 03-5296-0493
http://www.yumani.co.jp
［印刷］　株式会社平河工業社
［製本］　東和製本株式会社
落丁・乱丁本はお取り替えいたします。　Printed in Japan
定価：本体15,000円＋税　ISBN978-4-8433-5212-0 C3326

ジャパン・ツーリスト・ビューロー

『ツーリスト』大正篇

総目次

第１巻第１号 大正２（1913）年６月発行（第１号）

◆口絵写真
ジャパン・ツーリスト・ビューロー本部及神戸案内所
◆発刊之辞
ツーリスト発刊之辞 1
◆設立之趣旨
ジャパン・ツーリスト・ビューロー設立趣旨 〔平井晴二郎〕 3
◆寄書
床次鉄道院総裁談話 7
旅行趣味に就て 〔中村是公〕 8
◆論説
渋沢男爵演説 9
阪谷男爵演説 13
白石理事演説 17
欧州各国に於ける外客誘致に関する施設 〔生野団六〕 25
◆会報
ビューロー本部と案内所 31
帝国ホテルに於ける披露会 32
展覧会 33
仏人モロー氏の活動写真撮影 33
仏国特派大使一行の来朝 33
クリブランド観光団来遊と我ビューローの斡旋 34
ハインツ氏一行の来朝と我ビューローの活動 34
神戸案内所来訪外客統計表 36
◆外賓漫録
クリーブランド観光団 36
第二回クリーブランド観光団 37
ハインツ氏一行の来遊 38
◆遊覧地案内
外人縦覧紹介 40
◆会則

会則摘録　45
◆役員
役員　46
◆会員
会員　46
ジャパン・ツーリスト・ビューロー（役員、本部、案内所一覧）

第１巻第２号　大正２（1913）年８月発行（第２号）

◆口絵写真
前会長平井博士肖像／横浜案内所及下関案内所
送迎之辞　1
◆寄書
近藤男爵談話　2
◆論説
外客待遇上日本式旅館に対する希望〔生野団六〕 3
欧州各国に於ける外客誘致に関する施設（承前）〔生野団六〕 10
◆遊覧案内
松島遊覧案内　17
保津川下り案内　28
〈地図〉松島遊覧地図・保津川降り案内図
自働車に就て　29
◆会報
会長の更迭　35
常務理事会及理事会　35
第二回総会　36
横浜案内所の開業　37
長崎案内所の新設　38
神戸案内所来訪外客一覧表　38
下関案内所来訪外客統計表　42
◆コンプレーンツ

専門家之日本観　43
東京市内道路撒水に就て　46
◆外賓漫録
ハバロフスク観光団　47
莫斯科《（モスクワ）》観光団　49
ジャパン・ツーリスト・ビューロー（役員、本部、案内所一覧）

第１巻第３号　大正２（1913）年10月発行（第３号）

◆口絵写真
伊香保温泉全景／草津温泉時間湯ノ光景
◆寄書
浅野東洋汽船会社長談話　1
◆論説
欧州各国に於ける外客誘致に関する施設（承前）〔生野団六〕5
横浜に於ける観光外客招致に就て　14
◆遊覧案内
伊香保、草津及軽井沢案内　21
◆会報
英文欄之新設　31
長崎案内所の開業及其披露会　31
海外に於ける最初の発展　32
フォールダー・ケースの配布　33
欧亜連絡ダイヤグラムの印刷並其配布　34
ビジネス・カードの調製　34
印刷物交換仲介　34
郵便物止置保管　35
縦覧箇所紹介の好成績　35
夏期休暇と従業員の視察旅行　35
ビューローに関する広告　36
横浜案内所来訪外客統計表　37

神戸案内所来訪外客統計表　37
下関案内所来訪外客統計表　37
長崎案内所来訪外客統計表　37
◆外賓漫録
渡来外客統計比較　38
夏期外人旅客数調査　39
◆コンプレーンツ
困った公園　43
ジャパン・ツーリスト・ビューロー役員及本部支部並案内所

〈英文〉

The Japan Tourist Bureau（Board of Officers / Offices and Branches）
The Japan Tourist Bureau　1
Special Privilege　2
Specimen Tours　5
One Month Tour in Japan（Yokohama to Shimonoseki）　5
Three-week Tour in Japan（Yokohama to Tsuruga）　8
Nine-day Tour in Japan（Yokohama to Nagasaki）　11

第１巻第４号　大正２（1913）年 12 月発行（第４号）

ジャパン・ツーリスト・ビューロー役員及本部支部案内所並代理店
ジャパン・ツーリスト・ビューロー会則摘録
◆口絵写真
長崎案内所内部／長崎案内所外部
◆論説
「ホテル」の改良に就て〔生野団六〕 1
東洋及び南洋に於けるツーリスト業の調査〔生野団六〕 5
◆遊覧案内
箱根及熱海案内　11
諏訪湖氷滑案内　29

外人縦覧紹介　31

◆会報

英文日本案内成る　32

常務理事会　34

前会長平井博士に紀念品贈呈　35

日本郵船林、小松の両氏に感謝状を送る　36

生野幹事ホテル協会総会に出席　37

遊覧地図印刷　37

ビジネス・カードの調製　37

交換印刷物の送附　37

紐育《ニューヨーク》日本協会に印刷物の発送　38

フォールダー・ケースの配布　38

従業者の視察旅行　38

横浜案内所来訪外客統計表　39

神戸案内所来訪外客統計表　39

長崎案内所来訪外客統計表　40

寄贈雑誌（十月以降之分）　40

〈英文〉

The Japan Tourist Bureau (Board of Officers / Offices, Branches, and Agency)

◆口絵写真

Miyanoshita, Hakone / Skating on Lake Suwa

"Japan" (The Tourist's Guide to Japan)　1

Guide to Hakone and Atami　2

Skating on Lake Suwa　18

New Additions to "Special Privileges"　20

◆英文地図

Map of Hakone, Atami, and Their Vicinity

第２巻第１号　大正３（1914）年２月発行（第５号）

ジャパン・ツーリスト・ビューロー役員及本部支部案内所並代理店
ジャパン・ツーリスト・ビューロー会則摘録
◆口絵写真
　那須湯本温泉全景／塩原福渡戸温泉全景
送迎之辞　1
◆寄書
　ツーリスト・ビューローに対する希望〔内田台湾鉄道部長〕 2
◆論説
　東洋及び南洋に於けるツーリスト業の調査（前承）〔生野団六〕 5
◆遊覧案内
　〈地図〉Nikkō、Shiobara, Nasu & Their Vicinities
　日光及湯本温泉案内　9
　塩原温泉　24
　那須温泉　26
　営業自働車調査　29
◆会報
　会長更迭　36
　理事会　36
　大正博覧会々場内に臨時案内所開設　38
　嘱託案内所開始　38
　有料広告掲載　38
　英文「ジャパン」増刷　38
　台北支部の台湾地図出版　38
　朝鮮支部の京城地図出版　39
　米国ベースボール・ティームの来朝　39
　シユライナース団の来朝とビューローの斡旋　39
　従事員の視察旅行　39
　温泉《ウンゼン》額面の調製　40
　横浜案内所来訪外客統計表　40
　神戸案内所来訪外客統計表　41

下関案内所来訪外客統計表　41
長崎案内所来訪外客統計表　41
寄贈雑誌　41

〈英文〉
The Japan Tourist Bureau（Board of Officers / Offices, Branches, and Agency）
◆口絵写真
Yōmei Gate, Nikkō　/　Kegon Fall, Chūzenji
1914 — An Eventful Year for Japan　1
Guide to Nikkō and Yumoto　2
New President of the Japan Tourist Bureau　26

第２巻第２号　大正３（1914）年４月発行（第６号）

ジャパン・ツーリスト・ビューロー役員及本部支部案内所並代理店
ジャパン・ツーリスト・ビューロー会則摘録
◆口絵写真
法隆寺／奈良猿沢池／伊勢内宮／志摩鳥羽港
弔詞（「謹みて皇太后陛下の崩御を悼み奉る」）
◆論説
米人の販路拡張策と日本商品　1
◆遊覧案内
山田鳥羽及奈良案内　8
鳥羽町案内　13
奈良案内 附法隆寺　15
営業自働車調査補遺　25
◆外賓漫録
大正二年中本邦渡来外人統計表　25
◆会報
大正博覧会々場内案内所開業　29

伯林《ベルリン》国際ツーリスト・ビューローに代理店を嘱託す　29
日本協会の事業概況　30
鉄道院主要駅嘱託案内所開業　32
東京市及博覧会場地図印刷　32
大連地図出版　32
事務員の視察旅行　32
横浜案内所来訪外客統計表　33
神戸案内所来訪外客統計表　33
長崎案内所来訪外客統計表　33
下関案内所来訪外客統計表　33
寄贈雑誌　二月及三月中　33

〈英文〉

The Japan Tourist Bureau (Board of Officers / Offices, Branches, and Agencies)
◆口絵写真
Information Office of the Japan Tourist Bureau
Approach to the Exhibition / Main Entrance
The Fountain, Ground No.1
Tōkyō Municipality Building / Band Stand, Ground No.1
Dyeing and Textile Buildings
Machinery and Foreign Exhibits Building
Dyeing and Textile, Transportation, and Agricultural Buildings
Kangetsu-kyō Bridge over Shinobazu Pond
Band Stand, Dyeing and Textile Buildings on the Left, and in the Background
Illumination of the Exhibition Buildings, Ground No.2
(We Deeply Mourn the Demise of…)　1
The Taisho Exhibition　1
Guides to Yamada and Toba　3
Guide to Toba　9

Guide to Nara　11
◆英文地図
Nara & Its Environs
Ujiyamada, Toba, Nara & Their Vicinities

第２巻第３号　大正３（1914）年６月発行（第７号）

ジャパン・ツーリスト・ビューロー本部支部案内所並代理店
ジャパン・ツーリスト・ビューロー会則摘録
◆口絵写真
東京大正博覧会場内ジャパンツーリストビューロー案内所
◆論説
吾国の外客誘致を目的とする施設に就て　附温泉《ウンゼン》公園経営〔生野団六〕 1
◆寄書
ツーリスト記者に寄す〔猪股忠次〕 5
◆遊覧案内
富士登山案内　9
◆会報
書記野沢正君の永逝を悼む〔生野団六〕 29
幻燈原板着色の依頼を受く　29
世界日曜学校準備委員会　30
鳥羽樋の山公園道程標　30
秋田顕勝会発行の絵葉書　30
長崎県温泉公園英文案内再版に就ての斡旋　30
旅順戦跡案内に就て　30
京都住友銀行の依頼　30
全国遊覧地保養地気候調査　31
晃塩鉄道計画　31
東亜交通案内売捌　31
主要遊覧地案内の取調　31

日印協会の依頼 31
大連やまとホテル内案内所開設準備 32
雑件 32
大正二年度各案内所来訪外客統計 32
大正三年四月中各案内所来訪外客表 32
後楽園参観紹介書発行数（四月中） 32
寄贈雑誌 33

〈英文〉

The Japan Tourist Bureau (Board of Officers / Offices, Branches, and Agencies)
◆口絵写真
Mt. Fuji / View of Lake Yamanaka from Gogōme (Fifth Station)
View of Mt. Fuji from the Great Torii of Yoshida
Guide to the Ascent of Mt. Fuji 1
A Correction 23
◆英文地図
Mt. Fuji & Its Environs

第２巻第４号 大正３（1914）年８月発行（第８号）

ジャパン・ツーリスト・ビューロー本部支部案内所並代理店
ジャパン・ツーリスト・ビューロー会則摘録
◆口絵写真
温泉《(ウンゼン)》公園ノ全景／小浜砂原（海水浴場）
◆論説
吾国の外客誘致を目的とする施設に就て 附温泉公園の経営（承前）〔生野団六〕 1
◆寄書
ツーリスト記者に寄す（承前）〔猪股忠次〕 7
◆遊覧案内

富士山麓周遊案内　10
富士川下りの案内　21
身延山参詣案内　24
今後の母国訪問団　27
◆会報
五月中及六月中東京に於て開催されたる地方官会議…　28
大正博覧会会場内ビューロー案内所開始に就て…　28
六月一日満鉄旅順駅長久保田金平氏来訪…　28
六月三日内地各ホテルに対し…　28
政府の招待に係る全国実業家大会に出席のため…　28
鉄道院発行の「英文東亜交通案内」を…　28
米国日曜学校大会に出席の為め…　28
東京市内百三十余ヶ所の日本式旅館…　29
六月十九日、廿日の両日横浜淀泊亜国艦隊上陸大正博覧会を…　29
日光宮祠代某氏大正四年に執行せらるべき…　29
「ツーリスト」第七号誌上には…　29
六月廿七日午前十時より鉄道院会報室に於て理事会開会…　29
六月廿七日午後二時半帝国ホテルに於て第三回総会開会…　29
六月廿七日帝国ホテルに於て開催せられたる当ビューロー総会…31
露国チタ市第二女子中学校教員生徒一行約四十名は…31
中央教習所長の依頼を受け…　31
明年開催せらるべき米国桑港《(サンフランシスコ)》博覧会へ…　31
七月六日大正博覧会場内案内所及各案内所に宛て…　31
北海道鉄道管理局より…　31
予て各案内所に命じ置きたる…　31
前号に掲載せし富士登山案内は…　32
当ビューローにては従来来訪外客に対し…　32
五月及六月中本部並に各案内所来訪外客数　32
参観箇処紹介証発行総数　33
後楽園参観証発行総数　33
寄贈雑誌　33

〈英文〉
The Japan Tourist Bureau（Board of Officers／ Head Office／ Branches and Agencies）
◆口絵写真
Fuji from Lake Kawaguchi／Fuji from Lake Motosu／R. Fujigawa
Guide to An Excursion Round the Base of Mt. Fuji　1
Trip Down the River Fuji　10
Guide to Minobu　12
◆英文地図
Mt. Fuji & Its Environs

第2巻第5号　大正3（1914）年10月発行（第9号）

ジャパン・ツーリスト・ビューロー本部支部案内所並代理店
ジャパン・ツーリスト・ビューロー会則摘録
◆口絵写真
京都高尾山の紅葉 ／ 嵐山渡月橋／日光大谷川の上流
時局に対する希望〔生野団六〕1
◆寄書
外客誘致に就いて〔田中次郎〕2
◆遊覧案内
紅葉の名所　6
◆雑録
ホテル業者と営業税　25
最近独逸《(ドイツ)》人在留数　25
渡来外客統計比較　25
主なる都市及避暑地に於ける夏期外人滞在旅客数調査　26
◆会報
理事会　29
支部長更迭　29

日本アルプス講話 29
案内所打合会議 30
富士天候告知 31
日本アルプス模型の寄贈 31
案内所閉鎖 32
コンゴー国より奉悼文 32
桑港博覧会内に案内所 32
温泉《(ウンゼン)》案内 33
中央教習所へ委託生 33
桑博無延期 33
下の関案内所の盛況 33
戦乱と海外代理店 34
台湾カルトポスタル 34
雑件 34
七月及八月中本部並に各案内所来訪外客数 35
参観箇所紹介証発行総数 35
後楽園参観証発行総数 35
寄贈雑誌 35

〈英文〉

The Japan Tourist Bureau (Board of Officers / Head Office / Branches and Agencies)
◆口絵写真
Kamakura Hachimangū / The Daibutsu at Kamakura / Enoshima
The European War and Japan 1
Guide to Kamakura and Enoshima 2
◆ Where Autumnal Tints Are Bright
The Neighbourhood of Tokyo 17
The Neighbourhoods of Kyoto and Osaka 27
◆英文地図

Kamakura, Enoshima, and Neighbourhood

第2巻第6号　大正3（1914）年12月発行（第10号）

ジャパン・ツーリスト・ビューロー本部支部案内所並代理店
ジャパン・ツーリスト・ビューロー会則摘録
◆口絵写真
清水寺／金閣寺／鴨川
◆論説
時局と外客誘致策　〔生野団六〕 1
◆遊覧案内
京都　4
主なる観覧場所一覧　9
主なる遊覧箇所　10
スキー　22
◆雑録
事局に対するビューローの処置　25
大正三年度上半期本部及各案内所来訪外客総数　27
夏期渡来外人数統計比較　28
前号に対する正誤と訂正　30
◆会報
英文東京市案内　31
ポスター展覧会　31
英国行安全経路に就いて　31
神戸案内所披露会　31
県営公園其他遊覧地に就きて　32
諏訪丸　31
ホテル大会　32
ガイドブックとビューロー広告　32
別府ホテル閉鎖　32
朝鮮ホテルの開業と京城案内所の移転　32

理事会 32
英文江の島鎌倉案内 33
山岳会へポスター出品 33
米人コース氏の厚意 33
桑港博内案内所 34
トーマスクック代理店の活動 34
金剛山大観 34
中央停車場の落成と本部の移転 34
ジャパンの訂正増刷 34
九月及十月中本部並に各案内所来訪外客数 35
参観箇所紹介証発行総数（本部取扱） 35
後楽園参観証発行総数（本部取扱） 35
寄贈雑誌 35

〈英文〉

The Japan Tourist Bureau (Board of Officers / Head Office / Branches Offices / Inquiry Offices / Agencies Abroad)
◆口絵写真
Berlin Agency of J.T.B (closed on account of the war) / Ski-ing at Goshiki Hot Spring / Skating on Lake Suwa
Japan 1
Winter and Summer in Japan 3
Winter Sports in Japan 5
Guide to Kyoto 9

◆ J.T.B. Notes
Removal of our Head Office 27
New Ticket and Inquiry Office 27
Panama Fair and J.T.B 27
"Japan" 27
"Panama fair and Fair Japan" 27

Other Publication　27

第3巻第1号　大正4（1915）年2月発行（第11号）

ジャパン・ツーリスト・ビューロー本部支部案内所並代理店
移転と開業
ジャパン・ツーリスト・ビューロー会則摘録
◆口絵写真
根本中堂（比叡山）／葵祭（下加茂）／平等院（宇治）
◆論説
吾人の期待する一九一五年〔生野団六〕1
◆遊覧案内
京都の郊外　4
三渓園　23
◆会報
ポスター出品　26
会員の名誉　26
会員の移動　26
英文日本案内　26
「パナマ・フエーア・アンド・フエーア・ジヤパン」の出版　26
本部の移転並其開業の第一日　27
東京案内所の開所と切符発売　27
本部移転と事業一般　27
事務員の渡米　27
印刷物配布方依頼　28
英文下関門司地図発行　28
サーキユラーに対する反響　28
十一月及十二月中本部並に各案内所来訪外客数　28
参観箇所紹介証発行総数（本部取扱）29
寄贈雑誌　29
ツーリスト遊覧案内総目次（自第二号〜至第十号）

〈英文〉

The Japan Tourist Bureau (Board of Officers / Head Office / Branches Offices / Inquiry Offices / Agencies Abroad)
Removal of the J.T.B. Head Office and Establishment of New Inquiry Offices
◆口絵写真
Outside View of the Head Office, J.T.B.
Tokyo Ticket and Inquiry Office, J.T.B.
The General Manager's Office. / The Head Office, J.T.B.
Japan in 1915　1
Excursions from Kyoto　3
Plans of Excursions from Kyoto　26
Flower Day in Tokyo　27
◆ J.T.B Notes
The J.T.B. Has Removed...　28
Another Inquiry Office of J.T.B. Has Been Opened...　28
The 11th Cenetary of the Founding of the Kōyasan...　28
New Publications.　28
Contents Index of "The Tourist" (From vol. 4 to vol. 10)　29
◆英文地図
Kyoto and Its Environs

第３巻第２号　大正４（1915）年４月発行（第12号）

ジャパン・ツーリスト・ビューロー本部支部案内所並代理店
ジャパン・ツーリスト・ビューロー会則摘録
◆口絵写真
羅漢寺
◆寄書
露西亜《ロシア》のクルオルト　附露西亜風呂　〔八杉貞利〕　1
独逸《ドイツ》の温泉―バーテンバーデンの印象―　〔DS生〕　4

◆遊覧案内
別府　8
耶馬渓　21
桜の名所　25
◆雑録
巴奈馬《パナマ》大博覧会―桑港案内所より―　30
◆会報
紐育《ニューヨーク》日本協会のジャパン　37
公園に就て　37
温泉《ウンゼン》案内　37
五重の塔に就て　37
役員の消息　37
東京案内所　38
大連支部　38
朝鮮支部　38
英文日本地図　38
長崎県知事へ感謝状　38
一月及び二月中本部並各案内所来訪外客数　39
会員山口仙之助氏の逝去を悼む　40
寄贈雑誌　41

〈英文〉
The Japan Tourist Bureau（Board of Officers / Head Office / Branches Offices / Inquiry Offices / Agencies Abroad）
◆口絵写真
Beppu / Umi-jigoku / Ao-no-dōmon（Tunnels）/
Nikko Festival-Procession / Foreign Spectators
Japanese Hot Springs 〔Prof. A.W. Medley〕 1
The Hot Springs of Beppu　4
Yabakei　17
Cherry Blossoms　22

Tokyo Attractions Month by Month 28
Tercentenery Festival at Nikko 30
◆ J.T.B Notes
　Tokyo Inquiry Office 30
　New Publications, etc 30
◆英文地図
　Yabakei
　Beppu and Its Environs

第３巻第３号 大正４（1915）年６月発行（第13号）

ジャパン・ツーリスト・ビューロー本部支部案内所並代理店
『英文京都案内』『英文日本遊覧地図』（ジャパン・ツーリスト・ビューロー）
　／ジャパン・ツーリスト・ビューロー会則摘録
◆口絵写真
　金色堂（平泉）/ 五串瀧（平泉）
◆寄書
　五重の塔 〔遠藤剛太郎〕 1
◆遊覧案内
　松島 11
　金華山 14
　平泉及其附近 19
巴奈馬《パナマ》大博覧会―桑港案内所より― 24
◆雑録
　大正三年度渡来外客数に就て 30
　大正三年中渡来外客数及其上陸地別 30
　大正三年度下半期本部及案内所来訪外客総数 32
◆会報
　外国雑誌へ遊覧案内寄稿 34
　濠州代理店 34
　サーキュラー発送 34

米国ヘレナ市長より　34
ポスター展覧会　34
ロスアンゼルス市より代理店依嘱希望　34
東京駅構内へビューロー看板掲出　35
紀念スタンプ文字選定　35
山岳大会　35
伝法院庭園　35
鮮満及台湾に於ける遊覧地紹介　35
「ジャパン」提供　36
台北案内　36
英文列車時刻表　36
児童博覧会に印刷物出品　36
露国声楽団に対する斡旋　36
東亜交通案内第四巻発売　36
露文日本案内　37
登山のシーズンとビューロー　37
日光大祭と日光案内　37
英文京都案内　38
英文日本地図発行予告　38
伊豆半島案内　38
避暑地案内　39
横浜市内地図　39
三月及四月中本部並各案内所来訪外客数　39
参観箇所紹介証発行総数　39
後楽園参観箇所紹介証発行数　39
寄贈雑誌　40

〈英文〉

The Japan Tourist Bureau（Board of Officers／ Head Office／Branches Offices／Inquiry Offices／Agencies Abroad）
◆英文広告

Map & Guide to Kyoto
The Tourist Map of Japan
Books on Sale
◆口絵写真
Buddhist Images in Konjikidō（Hiraizumi）／Tsurugaoka Park（Kinkazan）
Pagodas at Buddhist Temples in Japan　2
Matsushima　10
Kinkazan　15
Hiraizumi and Its Neighbourhood　20
The Tourist's Tokyo Calendar　25
The Coronation　26
◆ J.T.B. Notes
A Poster Exhibition　26
Dempō-in Garden　26
Guide to Taihoku　26
Train Time Table　26
Official Guide to Eastern Asia　27
A Guide to Japan in Russian　27
Ascent of Mt. Fuji　27
Model of the Japanese Alps　27
Nikkō Festival and Guide to Nikkō　27
Map and Guide to Kyōto　27
Sketch Map of Izu Peninsula　27
Guide to Various Tourist Points　27
Map of Yokohama　27
Map of Japan　27
◆英文地図
Map of Matsushima and Environs

第３巻第４号　大正４（1915）年８月発行（第 14 号）

ジャパン・ツーリスト・ビューロー本部支部案内所並代理店
『英文京都案内』『英文日本遊覧地図』(ジャパン・ツーリスト・ビューロー)
／ジャパン・ツーリスト・ビューロー会則摘録
◆口絵写真
熱海／静浦
◆遊覧案内
伊豆半島　2
鵜飼　15
高野山　18
◆雑録
本年度上半期渡来外客数調　25
海水浴場　25
巴奈馬《パナマ》大博覧会―桑港案内所より―　26
◆会報
理事会　31
第四回総会　31
ポスター展覧会　32
日曜学校大会と桑港案内所　33
山脇事務官長より来書　33
桑港《サンフランシスコ》案内所に於ける印刷物配付状況　33
露国観光団に対する斡旋　34
米国大学旅行団に対する斡旋　34
ジヨンストン氏に対する斡旋　35
錫蘭《スリランカ》島より取引希望　35
白耳義《ベルギー》より取引希望　35
富士山頂天候告知　35
神戸案内所の切符発売事業開始　35
英文日本地図　36
新刊の案内　36
役員、会員の異動　36

五月及六月中本部並各案内所来訪外客数　36
参観箇所紹介証発行総数　37
後楽園参観箇所紹介証発行数　37
寄贈雑誌　37

〈英文〉

The Japan Tourist Bureau（Board of Officers / Head Office / Branches Offices / Inquiry Offices / Agencies Abroad）
◆英文広告
Map & Guide to Kyoto
The Tourist Map of Japan
Books on Sale
◆口絵写真
Some of the Posters Displayed at the Poster Exhibition /
Mt. Fuji from the R. Kanō /Cormorant-fishing at the R. Nagara
Izu Peninsula　2
Kōyasan　11
Wakanoura　21
Wakayama　23
Cormorant Fishing　24
The Japanese Alps　27
A Poster Exhibition　30
The Tourist's Tokyo Calendar　31
◆ J.T.B. Notes
Ticket Fusiness at the Kobe Inquiry Office　32
Weather Forecast for Mt. Fuji　32
New Publications　32
◆英文地図
Sketch Map of Izu Peninsula

第３巻第５号　大正４（1915）年 10 月発行（第 15 号）

ジャパン・ツーリスト・ビューロー本部支部案内所並代理店
『英文京都案内』『英文日本遊覧地図』／ジャパン・ツーリスト・ビューロー会則摘録
◆口絵写真
龍泉寺（千山）満洲／猪苗代湖より磐梯山を望む
◆寄書
桑港《サンフランシスコ》博覧会と米国人誘致〔伊藤文吉〕 1
桑港博覧会入場者と同会場内ビューロー案内所来訪者　3
◆遊覧案内
十和田湖　4
千山及湯崗子温泉　13
紅葉美はしき岩越線の回遊　19
御大典彙報　29
巴奈馬《パナマ》大博覧会―桑港案内所より―　30
◆雑録
主要遊覧地に於ける夏期の来訪外客数調に就て　34
◆会報
バーデー氏に対する斡旋　37
新嘉坡《シンガポール》及晩香坡《バンクーバー》より印刷物寄贈依頼　37
ビューロー印刷物出品　37
パナマフエーア・エンド・フエーアジャパンの発送　37
露文日本案内発送　37
桑港案内所に於ける印刷物配付状況　37
切符発売事業の状況　39
会員の異動　39
金剛山案内と京城案内　39
七月及八月中本部並各案内所来訪外客数　39
参観箇所発行総数　40
後楽園参観箇所紹介証発行数　40
寄贈雑誌　40

〈英文〉

The Japan Tourist Bureau（Board of Officers／ Head Office／ Branches Offices／Inquiry Offices／Agencies Abroad）

◆英文広告

Map & Guide to Kyoto

The Tourist Map of Japan

Books on Sale

◆口絵写真

Chienshan／ Lake Towada

◆扉

The Flower of the Season

A Three Weeks' Trip to N.E. China 2

Mt. Chien=Shan & Tang=Kang=Tzu Hot Spring（Manchuria） 5

Lake Towada 13

Autumnal Tints Along the Ganetsu Line 23

Coronation Programme 30

Korean Industrial Exhibition 32

The Tourist's Calendar 33

◆ J.T.B. Notes

Ticket Business 34

Tourist Map of Japan 34

Guide to Kongō-san and Seoul 34

Matsushima 34

◆英文地図

Chienshan & Tangkangtzu Hot=Spring

Lake-Towada

第３巻第６号 大正４（1915）年12月発行（第16号）

ジャパン・ツーリスト・ビューロー本部支部案内所並代理店

『英文京都案内』『英文日本遊覧地図』（ジャパン・ツーリスト・ビューロー）

／ジャパン・ツーリスト・ビューロー会則摘録
◆扉
〈写真〉利根川の初冬
◆寄書
露西亜《(ロシア)》人と日本の風光　〔大庭柯公〕 2
封建時代の城　〔遠藤松雨〕 8
◆遊覧案内
高田のスキー　17
房総半島案内に就て　24
巴奈馬《(パナマ)》大博覧会―桑港案内所より―　26
◆雑録
歳晩に臨みて　30
大正四年度上半期本部及案内所来訪外客総数　32
◆会報
本誌の改善に就て　34
外字新聞のビューロー記事掲載　35
ポスター出品　35
露客誘致に就て　36
露文温泉《うんぜん》案内　36
御大典とビューロー　37
渡米記者団と桑博案内所　38
桑博案内所閉鎖　38
桑港案内所に於ける印刷物配付状況　37
「ジヤパン」の訂正増刷　38
新刊の案内　38
事務員の帰朝　38
九月及十月中本部並各案内所来訪外客数　39
参観箇所紹介証発行総数　39
後楽園参観証発行数　39
寄贈雑誌　39

〈英文〉
The Japan Tourist Bureau（Board of Officers／ Head Office／ Branches Offices／Inquiry Offices／Agencies Abroad）
◆英文広告
The Tourist Map of Japan
Books on Sale
Map & Guide to Kyoto
◆口絵写真
Coronation Ceremony at the Shishiiden／Members of the Diplomatic Body, Waiting for a Street Procession／ "Kobikicho To-day and Yesterday"／The Beach of Hojo／Drawing Net near Hota／ The River Tone
◆扉 The Flower of the Season
Feudal Castles in Japan 〔K.Endō〕 2
The Bōsō Peninsula 13
Winter Sports in Japan 29
The Mombusho Art Exhibition 32
Yakumo Koizumi（Lafcadio Hearn） 33
The Coronation 34
The Tourist's Calendar 37
◆ J.T.B. Notes
Ticket Business 38
New Publications 38
◆英文地図
Sketch Map of Bōsō Peninsula

第４巻第１号 大正５（1916）年２月発行（第17号）

ジャパン・ツーリスト・ビューロー本部支部案内所並代理店
『英文京都案内』『英文日本遊覧地図』（ジャパン・ツーリスト・ビューロー）／ジャパン・ツーリスト・ビューロー会則摘録

◆扉
〈写真〉田子の浦より見たる富士　1
◆寄書
ホテル業者へ御相談〔青木治郎〕2
カフェテリアの話　5
久能山〔遠藤松雨〕8
筑波山〔河東碧梧桐〕12
◆遊覧案内
東京の郊外　18
閉場せる巴奈馬《パナマ》大博覧会―桑港案内所より―　22
南加州の山と海〔FT 生〕26
◆雑録
カーネギー平和資金と日本協会　32
◆会報
長崎案内所の切符発売事業開始　36
漫遊外客に対する斡旋方依頼　36
海外へ印刷物送付　36
露国大公殿下へ案内書類贈呈　36
林理事の渡米　36
ミカドホテル閉鎖　36
露客増加の現象　37
桑港案内所閉鎖　37
事務員の帰朝　37
英文京城案内　37
台北支部の絵葉書発行　37
「英文日本案内」発行　37
英文東京案内地図増刷　37
嘱託案内所成績　37
桑博内案内所に於ける印刷物配付数調　38
十一月及十二月中本部並各案内所来訪外客数　38
参観箇所紹介証発行総数　39

後楽園参観証発行総数　39
寄贈雑誌　39
ツーリスト第三巻（自第十一号至第十六号）主要目次　40

〈英文〉

The Japan Tourist Bureau（Board of Officers / Head Office / Branch Offices / Ticket & Inquiry Offices / Inquiry Offices /Agencies Abroad）

◆英文広告
The Tourist Map of Japan
Map & Guide to Kyoto
List of Publication of the J.T.B.
Books on Sale

◆口絵写真
The Narita Temple / The Kashima Shrine /
Salmon Fishing on the R.Tone /
View of Mt. Fuji near Satta Pass / Mt. Fuji and the Bay of Suruga / Panoramic View from the Ryugeji

◆扉
The Flower of the Season（"Ume" or Plum Blossoms）

The Kunōzan Mausoleum 〔Dr. Kitokurō Ichiki〕 2
Some Scenic Beauties Along the Mid=Tōkaidō　5
The Bōsō Peninsula　22
Tsukigase Its Far-Famed Plum-Groves　35
Mt. Kasagi　40
Japanese Parks and Gardens : Sankei-en near Yokohama　43
See Kyōto Palaces Now　46
Topics of the Day　48
The Tourist's Calendar　50

◆ J.T.B. Notes
Extension of Ticket Business　54
Panama Fair Closed　54

Mr. Hayashi's Visit to America　54
Close of the Mikado Hotel　55
Revised Edition of "Japan"　55
Map & Guide to Tōkyō City　55
Guide to Keijō　55
Picture Cards of Formosa　55
Guide to Japan in French　55
Grand Ski Meeting　55
To our Readers　55
List of Publications Regularly Received by the J.T.B.　56
Contents Index of "the Tourist"（Vol. 3, No.11-16）　56
◆英文地図
Sketch Map of Shizuoka, Miho & Kunōzan
Sketch Map of L. Kasumigaura and Environs

第４巻第２号　大正５（1916）年３月発行（第18号）

ジャパン・ツーリスト・ビューロー本部支部案内所並代理店
『英文京都案内』『英文日本遊覧地図』（ジャパン・ツーリスト・ビューロー）／ジャパン・ツーリスト・ビューロー会則摘録
◆扉
〈写真〉上加茂の桜（京都）　1
◆寄書
欧州露西亜《ロシア》の周遊　〔八杉貞利〕　2
露西亜《ロシア》酒　〔八杉貞利〕　2
瀬戸内海共同設営論　〔前田三遊〕　6
（瀬戸内海の遊覧的価値に就ては…）〔生野生〕　8
瀬戸内海の玄関と客間　9
芝と上野の霊屋　〔遠藤松雨〕　10
上野公園の春　22
外人の眼に映じたる印象の二三〔ガスリー／ラッセル・ケネデー／ベー

カー／シー・バスチン／ヘツク〕 23

◆遊覧案内

金剛山 25

◆雑録

大正四年渡来外客数に就て 33

大正四年下半期中本邦渡来外客国籍別調（七月－十二月） 34

◆会報

羅馬《ローマ》法皇使節に案内書類贈呈 35

露文開書に対する反響 35

瑞西《スイス》ツーリストビューローに写真寄贈 35

商業取引に関する照会 35

ホテル大会 35

改版英文日本案内 35

ビューロー会計検査 35

海外へ印刷物送付 36

台北支部の絵葉書発行 36

事務員の帰朝 36

海外旅行奨励斡旋に就て 36

一月中本部並各案内所来訪外客数 37

桑港案内所来訪外客数 37

寄贈雑誌 37

卓上語 38

〈英文〉

The Japan Tourist Bureau（Board of Officers / Head Office / Branch Offices / Ticket & Inquiry Offices / Inquiry Offices /Agencies Abroad）

◆英文広告

Japan Invites the World

Map & Guide to Kyoto

The Tourist Map of Japan

Books on Sale

◆口絵写真
Hitome - sembon, Yoshinoyama / Ueno Park, Tōkyō / Arashiyama, Kyōto
◆扉
The Flower of the Season（"Sakura" or Cherry Blossoms）
Come and See Japan 2
The Sakura 〔Dr. Inazo Nitobe〕 5
The Mortuary Temples at Shiba and Ueno 〔K. Endo〕 8
Yoshinoyama 19
Peach Blossom Resorts 26
Cherry Blossoms : Their Popular Resorts 28
Kongō=San : Diamond Mountain, Chōsen 38
Japanese Parks and Gardens（Ⅱ）: Kenroku - Kōen at Kanazawa 40
Seasonal Attractions 44
The Tourist's Calendar 49
◆ J.T.B. Notes
Ticket Business 50
Concised Edition of “Japan” 50
Map & Guide to Tokyo City 51
Picture Cards of Formosa 51
Revised Guide to Kamakura 51
Map & Guide to Matsushima 51
Guide to Japan in French 51
Hotel Association Meeting 51
Guide to Kongō-San 51
To the Readers of the Tourist 51
List of Publications Regularly Received by the J.T.B. 52
List of Publications of the J.T.B. 52
◆英文地図
Yoshinoyama and Its Environs

第４巻第３号 大正５（1916）年５月発行（第19号）

ジャパン・ツーリスト・ビューロー本部支部案内所並代理店
『英文京都案内』『英文日本遊覧地図』(ジャパン・ツーリスト・ビューロー)／ジャパン・ツーリスト・ビューロー会則摘録

◆扉

〈写真〉中禅寺街道の朝靄

◆寄書

巴里のカフェとバー 2
ホテル雑感〔江木定男〕 9
国立公園設立の提案 13
東京郊外の新緑 13

◆雑纂

瀬戸内海共同設営論（二） 14
本論に対する諸家の意見〔井上角五郎／古谷重綱／若林賚蔵／花井卓蔵／深町錬太郎／黒金泰義〕 17
史の山歌の海 19
外人の眼に映じたる印象の二三（その二）〔スコロドウーモフ／フエドロフ／イー・ヴイ・クラッツアー／トドロウイッチ〕20

◆遊覧案内

金剛山（承前完結） 26

◆雑録

戦乱後に対する準備の必要 38
紐育《(ニューヨーク)》日本協会より 40
大正四年中渡来外客数及其上陸地別 42
大正四年度下半期本部及案内所来訪外客数 43

◆会報

遊覧日程の作成提供 44
外人へ写真提供 44
大村湾紹介 44
来訪外客の増加 44
海外へ印刷物配付 44

本部所蔵ポスター出品　45
東亜交通案内広告配布　45
新刊の案内書類　45
英文東京市案内地図　45
林理事の帰朝　45
海浜院ホテルの改称　45
温泉公園登山外人数　46
二月及三月中本部並各案内所来訪外客数　46

〈英文〉

The Japan Tourist Bureau（Board of Officers / Head Office / Branch Offices / Ticket & Inquiry Offices / Inquiry Offices /Agencies Abroad）
◆英文広告
Japan Invites the World
Map & Guide to Kyōto
The Tourist Map of Japan
Books on Sale
◆口絵写真
Arima Hot Spring / Takarazuka Hot Spring / Ōnuma Park, Hokkaido.
◆扉
The Flower of the Season（"Botan" or Peonies）
Summering in Japan　2
Odawara to Numazu　〔Prof. Frederick Starr〕　4
Japanese Hot Springs　9
Arima and Takarazuka : Two Popular Hot Spring Resorts　15
The Miura Peninsula : Delightful Excursion from Tokyo　30
Trip to Kōyasan : Then Direct to Torohatchō　41
Japanese Parks and Gardens（Ⅲ）: Ōnuma Park, Hokkaidō　43
The Tourist's Calendar　46
◆ J.T.B. Topics

Influx of Tourists　49
Formosan Exhibition Soon to Close　49
Maritime Exhibition at Ueno　49
Cormorant-fishing Season　49
Map and Guide to Tōkyō　50
Saving Time, Trouble, and Expense　50
Expects Changes in Japanese Hotels　50
Increase of Pacific Service　51
To Our Readers and Patrons　51
List of Publications Regularly Received by the J.T.B.　51
List of Publications of the J.T.B.　52
Principal Business of the J.T.B.　52
◆英文地図
Sketch Map of Arima, Takarazuka & Neighbourhood

第４巻第４号　大正５（1916）年７月発行（第20号）

ジャパン・ツーリスト・ビューロー本部支部案内所並代理店
『英文京都案内』『英文日本遊覧地図』（ジャパン・ツーリスト・ビューロー）
／ジャパン・ツーリスト・ビューロー会則摘録
◆扉
〈写真〉中宮祠湖の釣漁
新占領地と外客誘致〔生野団六〕2
金剛山の印象〔三上真吾〕6
漫遊外客はどんな質疑を多くするか　9
◆瀬戸内海共同設営論（3）
瀬戸内海共同設営に就て〔堀啓次郎〕10
瀬戸内海共同設営に就て（再び）〔前田三遊〕12
新らしき読者のために　15
◆余が推挙したき避暑地
日光・中宮祠湖・軽井沢・松島・十和田湖〔朝比奈林之助〕16

大沼公園・登別温泉　〔田中耕三〕　19
安芸宮島・別府温泉・道後温泉・淡路洲本・讃岐屋島・備後鞆津　〔中川浅之助〕　20
六甲山苦楽園ラヂウム温泉　〔山口覺二〕　21
塩屋　〔小平保藏〕　21
温泉《うんぜん》　〔吉川孝一〕　22
箱根温泉・芦の湖・精進湖　〔野村良一〕　23
金剛山　〔三本武重〕　24
星ヶ浦・旅順　〔西村信敦〕　26
東京附近の避暑地　28
◆避暑地に対する注文（添田壽一／松山忠二郎／近藤虎五郎／改野耕三／星野錫／川澄明敏／矢部八重吉／巖谷小波／安部磯雄／中川正左／本多静六／手塚猛昌／井阪孝／弘岡幸作／杉村広太郎／山口小太郎／大谷嘉兵衛／村上恭一／武藤金吉／益田孝／福沢桃介／藤原俊雄／三島良蔵／匿名／ N. Kanda）　29
◆雑録
外人に親しむの慣習を養へ　35
紐育《(ニューヨーク)》日本協会より　〔ダグラス・ダンパー〕　37
宿屋に注文あり　〔矢野恒太〕　38
◆会報
第五回総会　39
理事会　40
台北支部長依嘱　40
英文富士案内寄稿　40
南洋方面へ案内記類頒布　41
ペトログラード停車場にて案内記頒布　41
露国旅行雑誌社へ寄稿　41
山岳会へポスター出品　41
大連支部の絵葉書発行　41
新刊の案内　41
大正四年度事業報告　42

嘱託案内所来訪外客数 42
四月及五月中本部並各案内所来訪外客数 42
後楽園参観証発行数（本部） 42

〈英文〉

The Japan Tourist Bureau (Board of Officers / Head Office / Branch Offices / Ticket & Inquiry Offices / Inquiry Offices /Agencies Abroad)
◆英文広告
Visit Japan Now
Books & Map on Sale
Pleasure Trips in the Picturesque Japan : J.T.B. Specimen Tour
◆口絵写真
Miyajima, a Summer Paradise / Romantic Rapids of the Tenryu / Inoura Whirlpool Rapids, Kyūshū
◆扉
The Flower of the Season ("Asagao" or Morning Glory)
Recollections of Fair Japan 〔T.F.Y. Annibal Gros, M.A.〕 2
A Summer Paradise : Miyajima in Aki Province〔K. Takahashi〕8
Impressions from Daily Life in Korea 〔Tomitaro Suzuki〕 10
The Tenryūgawa Rapids : A Most Exciting Boat Excursion 19
Inoura Whirlpool Rapids : A Natural Wonder near Nagasaki 32
Tsingtau : As It Is 34
Popular Summer Resorts 40
Popular Bathing Resorts 46
The Tourist's Calendar 49
◆ J.T.B. Topics
Summering in Japan 50
Special Summer Attractions 51
Mountaineering Season Opens 51
Annual General Meeting 51
New Publications 51

◆英文地図

The Tenryū-Gawa and Its Vicinity

第４巻第５号　大正５（1916）年９月発行（第21号）

ジャパン・ツーリスト・ビューロー本部支部案内所並代理店

『英文京都案内』『英文日本遊覧地図』（ジャパン・ツーリスト・ビューロー）

／ジャパン・ツーリスト・ビューロー会則摘録

◆扉

〈写真〉千山の奇岩／満洲の秋色・営口遼河

日露協約の成立と露客誘致〔生野団六〕 2

瑞西の遊覧客減少　7

ホテル使用人の養成に就て〔中村次郎〕 8

外国の温泉場と本邦の温泉場〔真鍋嘉一郎〕 10

◆瀬戸内海共同設営論（4）

遊覧船の共同設営に就て〔前田三遊〕 16

ホテルと農園　19

金峯山の秋色〔高野鷹藏〕 20

塩原より今市へ〔ＭＩ氏〕 24

外人浴客数調　29

◆紅葉の名所

日光・塩原〔谷崎美郷〕 30

阿賀野川・東山温泉〔後藤幸太郎〕 30

那須温泉・南湖公園・姥湯〔斎藤真徴〕 32

碓氷嶺・妙義山・妙高山・戸隠山〔村上兵太郎〕 33

有馬〔田井真吉〕 36

京都〔成瀬正忠〕 38

新耶馬渓〔大塚晃長〕 38

◆雑録

外人漫遊客増加の現象　40

大正五年上半期中本邦渡来外客国籍別調　41

鉄道院版英文東亜交通案内書に就て 41
◆会報
経済調査会委員会 44
理事会 44
ビューロー徽章制定 44
前役員に対し感謝状贈呈 45
通訳業者談話会 45
嘱託案内所増設 45
漫遊客縦覧個所追加 45
露文雑誌へ寄贈 46
露文金剛山案内発行 46
露文日本案内発送 46
英文看板、掲示等に対する注意 47
米国向「ジヤパン」発送 47
仏文日本案内 47
英文日本案内 47
事務員異動 47
嘱託案内所来訪外客数 47
六月及七月中本部並各案内所来訪外客数 48
後楽園参観証発行数（本部扱） 48
縦覧箇所紹介証発行数（本部扱） 48
寄贈雑誌 48

〈英文〉
The Japan Tourist Bureau（Board of Officers / Head Office / Branch Offices / Ticket & Inquiry Offices / Inquiry Offices /Agencies Abroad）
◆英文広告
Visit Japan Now
Books & Map on Sale
Delightful Trips in Autumn : J.T.B. Specimen Tour
◆口絵写真

Mt. Aso, an Active Volcano in Kyūshū / Oga Peninsula, Akita Ken / Togetsu-Kyo at Arashiyama（Kyoto）
◆扉
The Flower of the Season（"Kiku" or Chrysanthemum）
Autumn in Japan 2
Guide to Mount Aso 4
Ōshima or Vries Island 11
Oga Peninsula : And Its Romantic Coast Scenery 17
The Origine of the Word "Chrysanthemum" 24
Maples and Other Autumnal Tints 25
Theatres and Cinematograph Shows 37
Japanese Parks and Gardens（Ⅳ）: Ritsurin Park at Takamatsu 38
The Tourist's Tokyo Calendar 41
◆ J.T.B. Notes
Ticket Business 42
The Badge of the Japan Tourist Bureau 42
The Distribution of “Japan” 42
Guide to Kongō-san（in Russian） 42
Concise Guide to Japan 43
New Additions to “Special Privileges” 43
Railway Inquiry Offices 43
To the Readers of the Tourist 43
List of Publications of the J.T.B. 44
Principal Business of the J.T.B. 44
◆英文地図
Ōshima

第4巻第6号 大正5（1916）年11月発行（第22号）

ジャパン・ツーリスト・ビューロー本部支部案内所並代理店

『英文京都案内』『英文日本遊覧地図』（ジャパン・ツーリスト・ビューロー）

／ジャパン・ツーリスト・ビューロー会則摘録
◆扉
〈写真〉冬の赤城山大沼
経済調査会に於ける漫遊外客誘致に関する施設案の決議に就て〔生野団六〕 2
米国のホテル雑感 〔林 愛作〕 7
旅行地としての南洋 〔鶴見祐輔〕 17
◆瀬戸内海共同設営論（5）
急がねばならぬ尾道の遊覧的設営 〔前田三遊〕 21
南洋より帰りて 〔坪谷水哉〕 24
漫遊外客に対しては斯くの如き注意を要す 〔三本武重／西村信敦／吉川孝一／石沢民衛／黒沢精次／加福力太郎／林 愛作／山口正造／浜口守介／猪原貞雄〕 31
主要遊覧地に於ける夏期外人旅客数調査に就て 34
◆会報
折紙式英文日本案内発行 36
ジヤパン改版 36
各地保勝会調査 36
英文大阪案内発行 37
ホテル大会 37
瀬戸内海絵葉書帖寄贈 37
来訪客よりの感謝状 37
米国向「ジャパン」配布の反響 37
八月及九月中本部並各案内所来訪外客数 38
後楽園参観証発行数 38
縦覧個所紹介証発行数 38

〈英文〉

The Japan Tourist Bureau（Board of Officers / Head Office / Branch Offices / Ticket & Inquiry Offices / Inquiry Offices /Agencies Abroad）
◆英文広告

Tourist Map of Japan
Map & Guide to Kyoto
Official Guide Book of Eastern Asia
◆口絵写真
A Scene on the Inland Sea ／Kankakei, the Inland Sea ／Ski-ing at Goshiki Spa
◆扉
Japanese Paintings（by Harunobu）
Boons & Blessings for Tourists　2
Helpful Suggestions Solicited　5
The Kurile Islands　〔Dr. Geo. Wallace〕6
Winter Attractions　9
Hot Springs in Izu Peninsula　16
Itō Hot Spring　20
Shuzenji Hot Spring　23
The Inland Sea of Japan　27
Itineraries and Travelling Expenses　34
Rail Journey Along the Inland Sea　39
An Excursion from Nagasaki　45
Japanese Paras and Gardens : Koraku-en Garden at Okayama　47
The Tourist's Tokyo Calendar　51
◆ J.T.B Notes
Ticket Business　53
The Badge of the Japan Tourist Bureau　53
Concise Guide to Japan　53
Map & Guide of Osaka　53
To the Readers of the Tourist　53
List of Publications of the J.T.B.　54
Principal Business of the J.T.B.　54

第5巻第1号 大正6（1917）年1月発行（第23号）

ジャパン・ツーリスト・ビューロー本部支部案内所並代理店
ジャパン・ツーリスト・ビューロー（目的 組織と事業）
◆扉
〈写真〉左甚五郎彫刻の白蛇／瀬戸内海の暁色
大正五年に於ける我がツーリスト事業の回顧 〔生野団六〕 2
閑院宮露都御訪問随行記 〔吉田要作〕 8
支那有力者との暖かなる関係を望む 〔潮 恵之輔〕 11
会席膳忘れ難く 〔ゲイシトル〕 13
外国人旅客に対する東京案内 〔志賀重昂〕 14
経済問題は寧ろ第二義 〔山内 顕〕 18
鈍川の千疋桜 〔川澄明敏〕 21
彼得貝羅土《ペトログラード》のセーウエルノエビュローを訪ねて 22
朝鮮の水原 〔生野〕 24
◆瀬戸内海共同設営論（6）
遊覧地としての広島 〔前田三遊〕 25
瀬戸内海観光外客に対しては 〔中川浅之助〕 28
海外にて感じたる事ども 〔新渡戸稲造／村上恭一／江木定男／青木治郎〕 29
大正五年外国貿易表 33
◆雑録
注意したき看板掲示の英文々字 34
横暴なる自働車と忘れられたる東京湾 34
紐育《ニューヨーク》日本協会より 〔ダグラス・エル・ダンバー〕 36
大正五年度上半期本部及案内所来訪外客数 37
横浜港外国通航船旅客国別表 38
◆会報
ロスアンゼルス市へ代理店 39
英国よりの反響 39
露国新聞記者来所 39
漫遊客縦覧箇所増加 39

運絡運輸協議会出席者のビューロー参観　39

仏文日本案内発行　39

クリスマスカード発送　40

ビューローポスター出来　40

十月及十一月中本部並各案内所来訪外客数　40

後楽園参観証発行数（本部）　40

一般縦覧個所紹介証発行数　40

◆付録

経済調査会決議「漫遊外客誘致に関する施設」案に対する批判〔志立鉄次郎／井坂　孝／弥吉茂樹／福本 誠／武藤金吉／石川済治／前田三遊／蔭山義三郎／近藤賢二／草郷清四郎〕

〈英文〉

The Japan Tourist Bureau (Board of Officers / Head Office / Branch Offices / Ticket & Inquiry Offices / Inquiry Offices /Agencies Abroad)

◆欧文広告

Bureau du Tourisme du Japon

Японское бюро для Туристовъ

Tourist Map of Japan

Map & Guide to Kyoto

Official Guide Book of Eastern Asia

◆口絵写真

Mt. Morrison or Niitakayama, 13,075 ft, in Formosa / A Charming Moonlight Scene in the Inland Sea / Kintaibashi or Abacus Bridge at Iwakuni, Silvered with Snow

◆扉

Japanese Paintings (by Ōkyo 1733-1795)

How Tokyo Celebrates the New Year　2

Japanese Pictures　14

Tea-Ceremony and Flower-Arrangement　17

Guide to Formosa　22

Star Beach & Its Golf Course 37
The Inland Sea of Japan 40
Tourist's Tokyo Calendar 60
◆ J.T.B. Notes
Exceptional Facilities For Tourists 62
New Additions to "Special Privileges" 62
Tourist Agency Abroad 62
The Badge of the Japan Tourist Bureau 62
Editorial Notes 62
◆英文地図
The Inland Sea

第５巻第２号 大正６（1917）年３月発行（第24号）

ジャパン・ツーリスト・ビューロー本部支部案内所並代理店
ジャパン・ツーリスト・ビューロー（目的 組織と事業）
◆扉
〈写真〉春の水（京都の郊外）
外人浴客誘致と我が温泉場 〔生野団六〕 2
南洋印度方面よりの外客誘致に就て 〔副島八十六〕 7
大正五年対南洋印度方面貿易調 15
青島に於ける独逸《ドイツ》の外人招徠策に就て 〔山田耕三〕 16
桜の名所 21
英国鉄道の広告振 〔三島良蔵〕 32
横浜案内所に於ける第二回ポスター展覧会 34
台湾旅行談 〔内田銀蔵〕 36
風景美と屋外広告 〔前田三遊〕 40
◆瀬戸内海共同設営論 7
内海の繁栄策と其活用策 〔小西 和〕 43
東京在住の外人はどんな職業に従事してゐるか 47
◆ツーリスト資料

東京より倫敦へ 〔三上真吾〕 48
◆雑録
紐育《ニューヨーク》日本協会より 〔ダグラス・エル・ダンバー〕 59
外人渡来客は益々増加の傾向あり 〔ダグラス・エル・ダンバー〕 62
大正五年度中渡来外客国籍及上陸港別表 64
渡来外客人員比較 64
大正五年中本邦渡来外客国籍別調 65
◆会報
ポスター展覧会 65
青島に関する講演 65
学生の参観 65
ビューロー徽章佩用 66
印刷物の配付 66
ビューロー案内所嘱託 66
瀬戸内海遊覧切符発売 66
乗車券発売個所増加 66
各案内書類増刷 66
新刊印刷物 66
嘱託案内所来訪外客数 67
大正五年十二月及同六年一月中本部並各案内所来訪外客数 68
後楽園参観証発行数（本部） 68
一般縦覧個所紹介証発行数（本部） 68

〈英文〉
The Japan Tourist Bureau (Board of Officers / Head Office / Branch Offices / Ticket & Inquiry Offices / Inquiry Offices /Agencies Abroad)
◆欧文広告
Японское бюро для Туристовъ
Bureau du Tourisme du Japon
Tourist Map of Japan
Map & Guide to Kyoto

Official Guide Book of Eastern Asia

◆口絵写真

The Reign of Cherry-blossoms at Ueno Park, Tokyo, in April/A Beautiful Landscape of Kankakei Valley on the Inland Sea/The Kompira Jinia, a Famous Shirine at Kotohira, in Shikoku

◆扉

Japanese Paintings（Tani Buncho 1764-1841）

The Far Eastern Championship Games　2

Hanami, or Flower-Viewing　5

Ubazakura　9

Lake Tazawa in N.E. Japan　〔Tomitaro Suzuki〕　11

Mt. Kongo & Its Snow Scenery　23

The Inland Sea of Japan（Ⅲ）　25

The Favourite Resorts for Cherry Blossoms　42

Tourist's Tokyo Calendar　50

◆ J.T.B. Notes

Exceptional Facilities for Tourists

"Japon"

The Trips on the Inland Sea

The Coming Tourist Season

The Badge of the Japan Tourist Bureau

Editorial Notes

第５巻第３号　大正６（1917）年５月発行（第25号）

ジャパン・ツーリスト・ビューロー本部支部案内所並代理店

ジャパン・ツーリスト・ビューロー（目的　組織と事業）

◆口絵写真

創立の日のまどゐ／創立五周年の回顧

◆扉

〈写真〉朝露霽れて（京都の郊外）

創立五週年を迎へて〔生野団六〕 2

事業概要 7

五週年記念号に〔渋沢栄一〕 8

ツーリスト五週年を祝す〔阪谷芳郎〕 9

健全なる発達を望む〔平井晴二郎〕 11

祝辞に換えて〔添田壽一〕 12

漫遊客を長く滞在せしむるの工夫を為せ〔野村龍太郎〕 15

我が国に於ける名所旧跡の保護機関 17

ツーリスト記念号に寄せて〔中村雄次郎〕 20

もつとビューローの組織を確固たらしめたい〔大屋権平〕 20

ツーリストビューローより見たる台湾の地位〔下村 宏〕 22

思出づるままに（ツーリストビューローの創立まで）〔木下淑夫〕 24

所感二つ三つ〔伊東米治郎〕 27

五週年を迎ふるの感〔三本武重〕 30

雑感〔龍居頼三〕 32

多くを与えて多くを取れ〔林 愛作〕 35

今後の施設に対する希望〔大道良太〕 38

創立五週年に際して〔堀 啓次郎〕 40

実業家もビューローを利用せよ〔朝吹常吉〕 42

既往を顧みて〔新元鹿之助〕 43

業務に忠実なる可き事〔李家隆介〕 46

躑躅花咲く温泉と霧島山 47

近く催さる可き　極東競技大会の由来〔嘉納治五郎〕 49

露西亜《ロシア》の政変と彼我の交通〔八杉貞利〕 52

英語は共通語にあらず　英人の告白―エスペラントの価値〔高橋邦太郎〕 56

十和田から男鹿へ〔大須賀 績〕 61

五月頃の富士の裾野〔一横浜植物会々員〕 66

◆瀬戸内海共同設営論 8

内海の活用策と其繁栄策（二）〔小西 和〕 67

遊覧地としての鞆〔前田三遊〕 70

◆ツーリスト資料

東京より紐育《ニューヨーク》へ〔黒沢精次〕 74

◆会報

王次長一行を迎へて 96

ラツセル氏来朝 97

口絵写真「創立の日のまどゐ」 97

露文開書発送 97

ビューローポスター 98

ビューローフォールダーケース 98

本部の乗車船券発売開始 98

英文別府案内 98

新刊案内書類 99

大正六年二月及三月中本部並各案内所来訪外客数 99

大正六年自一月至三月嘱託案内所来訪外客数（本部） 100

後楽園参観証発行数 100

一般縦覧個所紹介証発行数 100

〈英文〉

The Japan Tourist Bureau（Board of Officers / Head Office / Branch Offices / Ticket & Inquiry Offices / Inquiry Offices /Agencies Abroad）

◆欧文広告

Bureau du Tourisme du Japon

Японское бюро для Туристовъ

Japan Tourist Bureau

◆口絵

A Characteristic View of Mt. Fuji

A Spring Scene at Arashiyama, near Kyoto

◆写真

The J.T.B. Presidents and Superintendents of Branches

The J.T.B. Managing Directors

The J.T.B. Directors

◆扉
Japanese Paintings（Maruyama Ōkyo 1733-1795）
Five Years of the Japan Tourist Bureau 2
Plays of Kabuki 〔Zoe Kincaid〕 10
The Best Theatres in Tokyo 16
Shintoism, A Religion of Japan 17
Travel Letters 〔Prof. A.W.Medley〕 21
The Word Jūjitsu 23
Japan in Springtime 〔R.Edgar〕 24
Travel to the Orient 〔Edward Stone〕 25
Impressions on Leaving a Japanese Home 26
A Day in Spring at Uyeno〔Oscar E. Riley〕 27
A Letter from an American Editor 28
Rambles in Japan 〔O.Manchester Poole〕 29
Kumamoto and Kagoshima in Southern Kyushu 48
The San-In District and Its Tourist Attractions 62
"Far from the Madding Crowd" 80
Tourist's Tokyo Calendar 100
◆ J.T.B. Notes
The Fifth Anniversary of J.T.B. 102
Ticket Business Newly Opened in the Head Office 102
J.T.B. Folder Cases 102
J.T.B. Poster 102
Revision of Literature 102
Circular in Russian 103
Welcome of Chinese Railway Delegates 103
Mr. Lindsay Russel's Visit to Japan 103
Exhibition of Electric Appliances in Kyoto 103
Kamogawa Dance in Kyoto 103
Cormorant-Fishing Season 103
List of Publications of the J.T.B. 104

Principal Business of the J.T.B. 104

第５巻第４号 大正６（1917）年７月発行（第 26 号）

ジャパン・ツーリスト・ビューロー本部支部案内所代理店
ジャパン・ツーリスト・ビューロー（目的 組織と事業）
◆扉
〈写真〉十和田湖の夏／越中真川の激流
日支親善の楔子（支那人誘致の新計画）〔生野団六〕 2
外客誘致の第一策（国民の歓待）〔村上恭一〕 6
外人待遇に就て 〔川田鉄弥〕 10
漫遊客誘致の広告に就て 〔リンドセー・ラツセル〕 13
礼譲無き国民 15
我が国に於ける名所旧跡の保護機関（二） 16
月山に登りて 〔大須賀 績〕 19
幽境耶馬と泉都別府 〔合羅哀秋〕 23
阿寒湖と屈斜路湖 25
登山に就て心得べき事ども 〔白井光太郎／辻村伊助／梅沢親光／別所梅之助／佐藤伝蔵／髙頭義明／高野鷹蔵／武田久吉／ MI 生〕 28
登山の準備と遭難に際しての心得 50
登山に関する図書雑誌 55
◆瀬戸内海共同設営論（9）
遊覧地としての厳島 〔前田三遊〕 58
◆ツーリスト資料
欧州航路の現状 〔石沢民衞〕 62
◆会報
渡来外人数の増加 74
極東競技大会出席選手に対する斡旋 74
マーブル氏一行に対する斡旋 75
スチーブンス一行に案内書類寄贈 75
ビューロー理事会 75

ラッセル氏招待晩餐会　75
雲仙観光団　76
東亜交通案内第五巻出来　77
船車連絡乗車券発売　77
「事業報告」配付　77
避暑地、登山に関する印刷物増刷　77
支那文日本案内　77
ツーリストビューロー第六回総会　77
ビューロー晩餐会　78
ビューロー本部事務室移転　78
大正六年四月及五月中本部並案内所来訪外客数　78

〈英文〉

The Japan Tourist Bureau（Board of Officers / Head Office / Branch Offices / Ticket & Inquiry Offices / Inquiry Offices /Agencies Abroad）
◆欧文広告
Bureau du Tourisme du Japon
Японское бюро для Туристовъ
Japan Tourist Bureau Railway Tickets
◆口絵
Maya-san, at the Back of Kobe City / School Boys Transplanting Rice / Golf Links at Star Beach, near Dairen
◆英文扉
Japanese Painting（Masanobu 1685-1764）
A Visit to the Aborigines of Japan 〔Frederick Johnson〕 2
American Woman Is Japan's Best Friend 〔Lindsay Russell〕 9
The River Ishikari in the Home of the Ainu 〔Dr. Bunkichi Okazaki〕 11
Buddhism in Japan　16
In the Land of Lakes 〔A Red-Ticket Passenger〕 20
Cormorant Fishing Now in Season　29

Golf Links in the Far East　37
"Far from the Madding Crowd"　48
By Moutain, Stream, and Sea　59
The Fiftieth Anniversary of the Transfer of the Capital　62
Tourist's Tokyo Calendar　64
◆ J.T.B. Notes
President of the New York Japan Society in Tokyo　65
Annual General Meeting　65
The J.T.B. Banquet　66
Further Extension of the J.T.B. Ticket Business　66
Official Guide to the East Indies　66
The Badge of the Japan Tourist Bureau　66
Editorial Notes　66

第５巻第５号　大正６（1917）年９月発行（第27号）

ジャパン・ツーリスト・ビューロー本部支部案内所並代理店
ツーリスト・ビューロー山東支部開設
ジャパン・ツーリスト・ビューロー（目的　組織と事業）
◆口絵写真
新会長を迎へて／ジヤパンツーリストビューロー名誉会員／鮮満の秋色
◆扉
〈写真〉魚籃饒かなり
再び露客誘致に就て　〔生野団六〕 2
紅葉の名所と其印象　〔山崎直方〕 8
露客誘致に対する施設如何　〔目賀田種太郎／大庭柯公／鈴木於莵平／庄司鐘五郎／八杉貞利〕 9
露西亜《ロシア》人の御馳走ぶり　20
名所旧跡の保護機関（三）　朝鮮に於ける名所旧跡の保護機関　21
〈短歌〉伊豆山にて　〔尾上柴舟〕 24

紅葉の名所と其印象　〔浮田和民／若槻礼次郎／別所梅之助／添田寿一／李家隆介／佐野善作／高野復一／釈 宗演／巖谷小波／杉村広太郎／野村良一／辻村伊助／遠藤剛太郎／志賀重昂／小栗一雄／梅沢親光／高野鷹蔵／野村龍太郎／佐藤 巖／高頭仁兵衛／高橋邦太郎／井上円了／高島北海／沢田天峰／門野長九郎／長尾半平／井坂 孝／伊藤重治郎／武田久吉／山内 顕／増田義一〕　25

大正五年中登晃外人国籍別　32

三百年前に於ける外人の日本旅行　〔大類 伸〕　33

コツクス江戸参府日程表　38

外客誘致に対する思想の涵養に就て　〔岩崎源兵衛〕　40

瑞西《(スイス)》に於けるホテル業の現況　45

秋の寒霞渓と豪渓　〔三森全次〕　47

車窓より見たる紅葉　51

◆瀬戸内海共同設営論（10）

島嶼大会の主催すべき瀬戸内海有志大会　〔前田三遊〕　56

紅葉燃ゆる頃　〔市穏月令〕　61

◆支部通信

夏の青島　62

満洲に於ける避暑客　67

◆会報

会長の更迭　〔生野団六〕　69

第六回総会　69

ビューロー名誉会員　71

林・大道両理事辞任　71

山東支部開設　71

哈爾賓《(ハルピン)》案内所開設　72

露国観光団に対する斡旋　72

米艦乗組員に対する斡旋　72

ダウテー氏一行に対する斡旋　73

ビューロー来訪客増加　73

印刷物発送　73

新刊並増刷の印刷物　73
大正六年六月及び七月中本部並案内所来訪外客数　73
大正六年四五六月中ビューロー嘱託案内所来訪外客数　74

〈英文〉

The Japan Tourist Bureau（Board of Officers / Head Office / Branch Offices / Ticket & Inquiry Offices / Inquiry Offices /Agencies Abroad）
◆欧文広告
Bureau du Tourisme du Japon
Японское бюро для Туристовъ
Japan Tourist Bureau Railway Tickets
◆口絵
Near Fukazawa Bridge, Nikko
◆扉
Japanese Paintings（"A Group of Japanese Deer" by Kōrin 1660-1716）
How I Trod the Beaten Track in Japan　2
Autumn Comes First to Grocery　13
A Delightful Trip in Autumn : J.T.B. Specimen Tour　14
Japan Trips in the Sixties　〔J.P. Mollison / J.L.O.Eyton〕　15
A Clog-Mender　20
A Japanese Cooper　21
Out of the Beaten Track : The Island of Sado　22
The Flower of the Season　30
Autumnal Tints　31
The Tourist's Tokyo Calendar　45
◆ J.T.B. Notes
Change of the President　46
The J.T.B. Honourary Members　46
New Branch Office at Tsingtau　46
Assistance Rendered to Habarovsk Tourist Party　46
Thanks Received from the Brooklin　46

The Number of Visitors Increased　46
Revision of Literature　46

第5巻第6号　大正6（1917）年11月発行（第28号）

ジャパン・ツーリスト・ビューロー本部支部案内所並代理店
日本国際観光局
ジャパン・ツーリスト・ビューロー（目的　組織と事業）
◆扉
〈写真〉時雨るる野に立ちて
遊覧地に対する提案〔生野団六〕2
文明と逆行する無作法〔増田義一〕9
日本旅行には消毒剤が必要である〔ベーカー〕15
露客誘致施設について〔丸毛直利〕16
名所旧跡の保護機関（四）我が国に於ける名所旧跡の保護機関　18
〈短歌〉旅の歌〔尾上柴舟〕22
海外の温泉場を視察して〔真鍋嘉一郎〕23
三朝温泉の現在及将来　27
箱根の湖〔アドリフ〕33
車窓より観たる紅葉〔田井真吉〕34
◆遊覧案内
仙境九水の探勝－青島より李村九水へ―　37
◆瀬戸内海共同設営論（11）
瀬戸内海の為に〔前田三遊〕45
◆ツーリスト資料
大阪商船会社南米航路の現状〔村田省藏〕48
◆雑録
大正六年上半期中本邦渡来外客国籍別調（一月－六月）53
大正六年夏季滞在外人数調　54
◆会報
ビューロー近況一斑　56

東洋フィルム会社一行に対する斡旋 57
ポスター出陳 57
フオールダーケース送付 57
サロニカ商務官に印刷物提供 57
鮮満支那漫遊客増加 57
最近会員発行の印刷物 58
最近ビューロー発行印刷物 58
中村主事渡米 58
大正六年八月及九月中本部並各案内所来訪外客数 58
大正六年七八九月中ビューロー嘱託案内所来訪外客数 59
縦覧個所紹介証発行数（本部の分） 60
九月中寄贈図書雑誌（和文の部） 60

〈英文〉

The Japan Tourist Bureau（Board of Officers / Head Office / Branch Offices / Ticket & Inquiry Offices / Inquiry Offices /Agencies Abroad）
◆欧文広告
Bureau du Tourisme du Japon
Японское бюро для Туристовъ
Japan Tourist Bureau Railway Tickets
Books on Sale
◆口絵写真
Near Kurodani Bridge,Yamanaka Spa/A Scene near the Pier, Wakura Spa/A Big Skating Match on Lake Suwa
◆扉
Japanese Paintings（"Hawk on Snow-covered Tree" by Gyosai (1831-1889)）
How I Trod the Beaten Track in Japan（Continued） 2
A Visit to the Trappist Monastery 12
Motoring in Japan : Yokohama-Tokyo-Nikko 17
With My Camera in Japan 〔Ray Jerome Baker〕 19

The Hiroshige Anniversary　25
Typical Country Scenes　30
Pleasure and Business　31
Out of the Beaten Track : Some Hot Springs in the Hokuriku District　32
The Japanese Riviera　48
Outdoor Sports in Winter　49
The Tourist's Tokyo Calendar　55
The Tourist's Kyoto Calendar　56
◆Of Tourist Interest
Subject for the Imperial New Year Poem Contest　57
“Bunten” or the Mombusho Art Exhibition　57
Baron Okura's Gift to the Nation　57
Chemical Industries Exhibition　57
Year-end Street Scenes　57
◆J.T.B. Notes
J.T.B.Visitors　58
Tsingtao More Popular as a Summer Resort　58
Poster Exhibition　58
Tourist Literature of J.T.B. Members　58
Fresh J.T.B. Literature　58

第６巻第１号　大正７（1918）年１月発行（第29号）

ジャパン・ツーリスト・ビューロー本部支部案内所並代理店
日本国際観光局
ジャパン・ツーリスト・ビューロー（目的　組織と事業）
◆扉
〈写真〉国府津海辺の松
大正六年ツーリスト事業回顧　〔生野団六〕　2
ノートより　10

来遊外客に対する国民の心得 〔添田寿一〕 11
外人漫遊客の待遇に就て 〔木下淑夫〕 13
どこの温泉が暖かいか 17
〈短歌〉静夜 〔尾上柴舟〕 18
本年に於けるツーリスト事業界に対する予想 〔中島徳重／田中次郎／堀 啓次郎／龍居頼三／副島八十六／井坂孝／伊藤米治郎〕 19
ノートより 29
〈短歌〉伯耆境 〔石井直三郎〕 30
広告の利用法に就て 〔中川 静〕 31
ビューロー内地嘱託案内所来訪外客数―大正六年十月中― 39
チップ問題是非 附日本旅館の茶代 40
鉄道給仕の心付 42
支那旅行の印象 〔宮越健太郎〕 43
卓上茶話 57
◆瀬戸内海共同設営論（11）
全県下の勝地を遊覧せしむ可く―斯る施設をなしたし― 〔前田三遊〕 59
◆ツーリスト資料
東洋汽船会社 南米航路の現状 〔黒沢精次〕 63
◆会報
代理店依嘱方依頼 78
日本風景の写真に就て 78
露国傷病兵収容所 78
日本旅行の広告に 78
ビューロー印刷物供給の増加 79
東洋フィルム団の一行 79
ビューロー最近発行の印刷物 80
クリスマスカードとビューロー手帖 80
ポスター及印刷物の出品 80
露国傷病兵収容に就て 80
旅行文庫 80

北京案内所創設　80
外人求職者の増加　81
ビューロー来訪客増加　81
大正六年十月及十一月中本部並各案内所来訪外客数　81
縦覧箇所紹介証発行数（本部の分）　81
十月及十一月中寄贈図書雑誌　81
うめ草に換へて　82

〈英文〉

The Japan Tourist Bureau（Board of Officers / Head Office / Branch Offices / Ticket & Inquiry Offices / Inquiry Offices /Agencies Abroad）
◆欧文広告
Bureau du Tourisme du Japon
Японское бюро для Туристовъ
Japan Tourist Bureau Railway Tickets
◆口絵写真
The Pine-fringed Beach of Suma
◆扉
Japanese Paintings "Eagle and Monkey" by Shigenaga（1697-1760）
Tokyo during Its New Year Days　2
Koraku-En a Typical Landscape Garden in Tokyo　11
My Visit to the "Maru-Ni"〔R. J. Baker〕　19
〈写真と文〉This Fine Keaki Avenue Is Found at Zoshigaya　28
The Russian Military Sanatorium at Chigasaki　29
In a Japanese Train〔C.Eloit〕　32
Wonderful Cavern of Akiyoshi : Near Shimonoseki　35
Guide to Manchurian Hot Springs　37
〈写真〉Japanese Arts and Crafts : Ivory Carvers, An Embroiderer　46
The City of Kobe：Its Remarkable Progress during Fifty Years　47
The Plum Blossom and Its Favourite Resorts　60

◆ Of Tourist Interest
One of Tokyo's Sights is Gone 65
The Sole Surviver of Perry's Expedition Is Now in Japan 65
Electric Exhibition to Be Held at Ueno 65
"Peking and the Overland Route" 65
◆ J.T.B. Notes
Increasing Demand of J.T.B. Literature 66
Assistance Rendered to the Toyō Film Party 66
Fresh J.T.B. Literature 66
J.T.B. New Inquiry Office at Peking 66
The Tourist's Tokyo Calendar 66
The Tourist's Kyoto Calendar 67
A Japan Tourist Calendar 69

第6巻第2号 大正7（1918）年3月発行（第30号）

ジャパン・ツーリスト・ビューロー本部支部案内所並代理店
日本国際観光局
ジャパン・ツーリスト・ビューロー（目的　組織と事業）
◆扉
〈写真〉スキー跳躍（瑞典《(スゥエーデン)》）
瑞西《(スイス)》に於ける外客誘致の近況 〔生野団六〕 2
大正六年中本邦渡来外客数 9
ポスターに就て 〔武田五一〕 10
〈短歌〉浅間の麓より 〔石井直三郎〕 16
桜の名所と其印象 〔山崎直方／ Shigetaka(Juko) Shiga ／松井柏軒／志村源太郎／杉村広太郎／田中阿歌麻呂／井上円了／大庭柯公／高橋邦太郎／武藤金吉／李家隆介／小野瀬不二人／若宮卯之助／高野復三／武田久吉／宮島真之／副島八十六／尾上紫舟／沢田信太郎／本多静六／田中次郎／印東学／二条厚基／花井卓蔵／遠藤剛太郎／弘岡幸作／嘉納治五郎／前田貞次郎／別所梅之助／梅沢親光／逸名氏〕 17

スキーと国民の体育　〔山口十八〕　25
スキーの興味　〔鹿子木員信〕　36
スキー界に於ける日本人の地位　〔外山高一〕　39
北海道に於けるスキー　〔稲田昌植〕　46
スキー講演会の記　50
スキー展覧会雑観　53
卓上茶話　55
満洲の温泉　57
◆瀬戸内海共同設営論（12）
　遊覧地としての三次《みよし》　〔前田三遊〕　67
◆雑録
　東京スキー倶楽部に就て　〔外山高一〕　70
　スキー界消息　73
◆会報
　米国鉄道隊に対する斡旋　74
　露文案内発送　75
　中管嘱託案内所事務打合会　75
　英文平壌案内　76
　北京案内所　76
　ホテル協会総会　76
　大正六年十二月七年一月中本部並各案内所来訪外客数　76
　ビューロー内地嘱託案内所来訪外客数―大正六年十一月十二月中―　76
　縦覧個所紹介証発行数（本部扱分）　77
　十二月及一月中寄贈図書雑誌　77
うめ草に換へて　78

〈英文〉
The Japan Tourist Bureau (Board of Officers / Head Office / Branch Offices / Ticket & Inquiry Offices / Inquiry Offices /Agencies Abroad)
◆欧文広告
　Bureau du Tourisme du Japon

Японское бюро для Туристовъ
Japan Tourist Bureau Railway Tickets
◆口絵写真
A View from Kaishunro, Hinoyama Park, Toba / A Spring Scene of Kudan Hill, Tokyo / The Banks of the River Edogawa, Tokyo
◆扉
The Flower of the Season — Cherry Blossoms
The Y.M.C.A. at Your Service〔Galen M. Fisher, M.A.〕 2
With My Camera in Korea〔R. J. Baker〕 6
Ontaké and Beyond〔Glenn W. Shaw〕 11
〈写真と文〉Doll's Festival for Girls 25
〈絵と文〉Cherry Blossoms and Horse by Kunisada（1787-1865） 26
Japan's Floral Calendar 27
Guide to the Tokyo Imperial Museum 29
The Cherry-Blossoms : The National Pride of Japan 37
The Favourite Resorts for Cherry Blossoms : Tokyo and Vicinity 47
Guide to Yamada and Toba 55
◆ Of Tourist Interest
An Interesting Ceremony in Memory of Japan's First Envoy to the States 65
Electric Exhibition to be Opened in March 65
“Miyako-Odori” in Kyoto 65
“Cherry-Blossom” Garden Party 65
Other Features 65
◆ J.T.B. Notes
J.T.B. Ski-ing Exhibition 66
Russian Railway Service of America 66
“Guide to Heijo” 66
New J.T.B. Inquiry Office at Peking 66
General Meeting of the Japan Hotel Association 66
The Tourist's Tokyo Calendar 66

The Tourist's Kyoto Calendar　67

第 6 巻第 3 号　大正 7（1918）年 5 月発行（第 31 号）

ジャパン・ツーリスト・ビューロー本部支部案内所並代理店
日本国際観光局
ジャパン・ツーリスト・ビューロー（目的　組織と事業）
◆扉
〈写真と文〉杓子岳（日本アルプス）／「黒部川の朝」小島烏水
時事雑感〔生野団六〕 2
戦時の米国〔中村次郎〕 14
地方に於ける外人宿泊の施設〔鹿子木彦三郎〕 18
鞄の塵〔旅狂生〕 21
ポスターに就て（承前）〔武田五一〕 23
最近在留外人数調（大正七年三月現在） 28
〈短歌〉天城山〔石井直三郎〕 29
登山の計画と山岳の印象〔武田千代三郎／中上川小六郎／辻村伊助／長尾半平／志賀重昂／高野鷹蔵／鳥居龍造／坪谷善四郎／鈴木益三／山崎直方／江見水蔭／近藤茂吉／ Toki Yoshimaro ／慶應義塾山岳会／辻村太郎／石井直三郎／鹿子木員信／岡野 栄／丸山晩霞／田中阿歌麿／逸名氏〕 30
〈短歌〉筑波山〔若月紫蘭〕 35
◆山岳に関する印象と感想
登山と人生〔長谷川如是閑〕 36
ことばとおもひと〔別所梅之助〕 38
日本アルプス〔河野齢蔵〕 40
秩父の山々〔木暮理太郎〕 44
立山の印象〔石崎光瑤〕 49
遊山地として相応はしい秩父〔冠 松次郎〕 51
霧島山の回想〔安井小太郎〕 53
赤城山〔関口 泰〕 55

丹沢山と塔ヶ岳　〔武田久吉〕 59
卓上茶話　65
朝鮮金剛山　〔安藤又三郎〕 67
嶗山印象記　〔外山高一〕 72
上高地より　90
スキー界消息　92
◆会報
主事増員　93
役員異動　93
中村主事帰朝　93
会員異動　93
華客に対する斡旋　93
明石公園開園　94
案内所増設　94
外字雑誌へ寄書　95
北京案内所近況　95
哈爾賓《ハルピン》案内所より　95
新刊の印刷物　95
英文航路案内　95
縦覧個所紹介証発行数（本部扱分） 95
大正七年三月中本部並各案内所来訪外客数　96
ビューロー内地嘱託案内所来訪外客数―大正七年一、二月分―　96
二月三月中寄贈図書雑誌　96
新刊紹介　『高山植物』武田久吉、『朝鮮鉄道旅行案内』満鉄京城管理局編纂　97
うめ草に換へて　98

〈英文〉

The Japan Tourist Bureau (Board of Officers / Head Office / Branch Offices / Ticket & Inquiry Offices / Inquiry Offices /Agencies Abroad)
◆欧文広告

Bureau du Tourisme du Japon
Японское бюро для Туристовъ
Japan Tourist Bureau Railway Tickets
◆口絵写真
Kamuikotan, A Scenic Spot on the Ishikari
◆扉
〈写真〉Hokkaido the Land of Apples
Hokkaido and the Semi-Centennial Exhibition　2
Ainu Ideas（1）　6
Hokkaido as a Tourist Land　7
The Recent Vital Statistics of Ainu　15
A Tour in Hokkaido　〔A. R. Paget〕　16
〈写真〉A Fair Ainu Weaver　26
The Ainu of Japan　〔R. J. Baker〕　27
Ainu Ideas（2）　35
The Bear Festival　36
Ainu Ideas（3）　44
A Foot to Akan　〔C. F Stephens, M.A.〕　45
Forests in Hokkaido　〔Mr. M. Kasai〕　55
Ainu Ideas（4）　63
Agriculture in Hokkaido　64
Ainu Ideas（5）　67
Guide to the Botanical Garden of the Sapporo Agricultural College　68
Skiing in Hokkaido　〔Masatane Inada〕　72
Hot Springs in Hokkaido　77
The Lily of the Valley : Found in Great Abundance in Hokkaido 〔James Hurdis〕　82
A Wanderer among the Snows of Hokkaido　83
◆ Of Tourist Interest
The Electric Exhibition Soon to Close　89
The Summer Wresting Championship Matches　89

Cormorant-Fishing Season 89
The Semi-Centennial Exhibition of Hokkaido 89
The Shūkokan(The Former Ōkura Art Museum) 89
The Changing Nature 90
Akashi Park, a New Ideal Pleasure Ground in Kobe District 90
Revised or New Publications of J.T.B. and Its Members 90
J.T.B. Diary 91
◆J.T.B. Notes
Our Hokkaido Number 92
J.T.B. Peking Office Having a Busy Time 92
A New J.T.B. Inquiry Office in Chungchun 92
The Tourist's Tokyo Calendar 92
The Tourist's Kyoto Calendar 93
◆英文地図
Hokkaido（Yezo）

第6巻第4号 大正7（1918）年7月発行（第32号）

ジャパン・ツーリスト・ビューロー本部支部案内所並代理店
日本国際観光局
ジャパン・ツーリスト・ビューロー（目的 組織と事業）
◆扉
〈写真〉湯滝（日光湯本付近）
時事雑感 〔生野団六〕 2
避暑地に関する警告 〔添田寿一〕 13
鞄の塵（二）〔旅狂生〕 15
開道五十年記念博覧会に就て 〔俵 孫一〕 17
〈俳句〉鮮満半月 〔大谷句仏〕 21
◆憶ひ出づる異郷の夏
英国の夏 〔伊東米治郎〕 26
巴里の夏 〔村上恭一〕 30

露西亜《ロシア》の夏　〔片上 伸〕　33
瑞西《スイス》の夏　〔辻村伊助〕　36
白耳義《ベルギー》の夏　〔福岡秀猪〕　42
北京の夏　〔龍井頼三〕　45
伯林の郊外と夏　〔辻 高衡〕　47
〈短歌〉北海道の旅　〔若月紫蘭〕　50
避暑地に於ける新設備と滞在費　51
中房温泉より　〔愛燕生〕　51
北海の旅より　〔波泉生〕　52
北海道観光旅程　59
倫敦市長公舎の講演会　〔高橋邦太郎〕　66
卓上茶話　70
大山登山　〔大須賀乙字〕　72
西伯利《シベリア》の旅　〔みつたか〕　81
◆会報
臨時案内所開設　85
理事会　85
第七回総会　85
北京案内所盛況　85
コンノート殿下御一行に案内記類贈呈　85
会員代表者変更　85
パンパスフイックユニオンより　85
露国観光団に対する斡旋　86
ビューロー近刊印刷物　86
英文朝鮮案内　86
満鮮観光旅程　86
鉄道旅行案内　86
大正七年四、五月中本部並各案内所来訪外客数　87
ビューロー内地嘱託案内所来訪外客数―大正七年三月四月中―　87
縦覧個所紹介証発行数（本部扱分）　87
四月五月中寄贈図書雑誌　87

編輯後記　88

〈英文〉

The Japan Tourist Bureau（Board of Officers / Head Office / Branch Offices / Ticket & Inquiry Offices / Inquiry Offices /Agencies Abroad）

◆欧文広告

Bureau du Tourisme du Japon

Японское бюро для Туристовъ

Japan Tourist Bureau Railway Tickets

◆口絵写真

The Snow-Veined Peaks of the North Japanese Alps

◆扉

Summer Village of Ninooka near Gotemba

The Okura Shukokan and Its Art Treasures　2

First Impressions of Japan　〔Ina Metaxa〕　11

A Foot to Akan（Continued）　〔C.F. Stephens, M.A.〕　18

Summer Resorts : Their Attractive Features　〔L.B. Cholmondeley / C.B. Tenny / E.W. Clement / W.M. Vories / Herbert Kelly / Alice G. Lewis / Wm.C. Gemmill / G.M. Fisher / C.H. Shortt / Sydeny Greenbie / A.W. Medley / W.G. Smith / A.E. Webb / Hugh Byas / A.S. Wright / F.H. Brown / Mr. & Mrs. Woodworth / J. Batchelor / A. Riddell / J.P. Whitney / T.C. Williams / J.H. Pettee / O.M. Poole / C.F. Stephens / J. Ingram Bryan / J. Merle Davis / Flse M. Keen / J.B. Morgan / H. St. George Tucker / J.W. Robertson Scott / J.G. Waller / M.C. Harris / H. Pedley / F.M. Flanagan / E.H. Zaugg / Edward B. Clarke / J.A. Welbourne / E.G. Philipps〕　26

Green Lands & Distant Sea：A Column of Appreciation〔J.N. Penlington〕　32

Life and Industry on Vries Island : A Short Holiday among an Interesting People〔A.R. Paget〕　38

The Japan Alps : Tate-yama〔R.W. Atkinson〕49

Guide to the Ascent of Mt. Shirouma　60

〈写真〉Karuizawa : A Feature of the Rustic Landscape / Karuizawa : Marquis Okuma's Villa/ Kusatsu : A Scenic Spot in the Neighbourhood　66

A Trip to Karuizawa, Kusatsu, and Ikao : An Ideal Summer Trip for a Week　67

◆ Of Tourist Interest

A Monument to the First British Subject in Japan　78

Railway Tariff Raised　78

◆ J.T.B. Notes

Annual General Meeting　79

Inquiry Offices to Be Opened at Summer Resorts　79

Presentation of the J.T.B. Literature to H.R.H. Prince Arthur of Connaught　79

Tourist Map of Tokyo　79

Some Statistics about the J.T.B. Work　79

J.T.B. Diary　80

The Tourist's Tokyo Calendar　81

The Tourist's Kyoto Calendar　82

第６巻第５号　大正７（1918）年９月発行（第33号）

ジャパン・ツーリスト・ビューロー本部支部案内所並代理店

日本国際観光局

ジャパン・ツーリスト・ビューロー（目的　組織と事業）

◆扉

〈写真〉満洲の秋

ホテル問題に就て　〔生野団六〕　2

松島より／浅虫温泉より／函館より／札幌より　〔松雨生〕　6

三つの手紙　〔木下淑夫〕　7

鞄の塵（三）〔旅狂生〕　11

旅行と屋外運動 13
青森より 〔松雨生〕 16
◆旅行と読書
旅客の為めに図書館 〔和田万吉〕 17
汽車内備附図書に就ての希望 〔坪谷善四郎〕 22
〈短歌〉秩父行 〔石井直三郎〕 24
秋月旅を憶ふ 〔添田寿一／巖谷小波／阪谷芳郎／井上円了／志立鉄太郎／武藤金吉／福沢桃介／高橋邦太郎／二条厚基／大類 伸／杉村楚人冠／釈 宗演／花井卓蔵／金崎 賢／佐藤 巌／逸名 氏／田中次郎／鶴見祐輔／梅沢親光／別所梅之助／李家隆介／辻村伊助／江木定男／井坂 孝／児玉国雄／龍居頼三／尾上紫舟／片山 寛／山本久三郎／副島八十六／ Shigetaka (Juko) Shiga〕 25
〈短歌〉奈良と京都 〔若月紫蘭〕 33
泰山 34
曲阜 34
卓上茶話 55
満鮮一瞥 〔粟津水棹〕 57
◆会報
理事会 68
第七回総会 68
支部長異動 69
名誉会員 70
本邦渡来外客数増加 70
軽井沢並温泉臨時案内所 70
鎌倉駅に夏期臨時案内所嘱託 70
桜木町駅嘱託案内所開設 70
北海道博覧会にフオルダーケース陳列 71
仏領印度支那より来遊者増加せん 71
英文案内記編纂印刷に関する助力 71
特殊斡旋 71
会員名称変更 71

北京案内所の近況 72
ビューロー最近発行の印刷物 72
英文哈爾賓《ハルビン》案内 72
大正七年六、七月中本部並各案内所来訪外客数 72
ビューロー内地嘱託案内所来訪外客数―大正七年五、六、七月中― 72
縦覧個所紹介証発行数（本部扱分） 73
六月七月中寄贈雑誌 73

〈英文〉

The Japan Tourist Bureau（Board of Officers / Head Office / Branch Offices / Ticket & Inquiry Offices / Inquiry Offices /Agencies Abroad）
◆欧文広告
Bureau du Tourisme du Japon
Японское бюро для Туристовъ
Japan Tourist Bureau Railway Tickets
◆口絵写真
The Toné
◆扉
〈写真〉Chrysanthemum : The Flower of the Season Attainning Its Zenith in the Middle of October
From Ngasaki to Beppu over Mt. Aso-san 〔Frederick Johnson〕 2
An Unknown Beauty Spot 11
The Flower-art of the Japanese 〔H. S. Palmer〕 18
〈写真と文〉The Picture Illustrates "Kisu" Angling 28
Angling in Japan 〔A Complete Bungler〕 29
Fair Spots Made Fairer By Bright Tinted Foliage of Autumn 37
"Tsuki-Mi," or Moon-viewing : A Poetic and Time-honoured Custom 46
Tributes to Unzen 51
Sunny Seashore near Kobe : Suma, Akashi, & Their Neighbourhood 55

◆ Of Tourist Interest
Sumida River Fête　61
Rokkosan as a Summer Ressort　61
"The Gems of the Fair"　62
◆ J.T.B. Notes
Thanks Recieved from R. R. S. Corps of America　63
Japan Having More Visitors than Last Year　63
The Tourist's Tokyo Calendar　64

第６巻第６号　大正７（1918）年11月発行（第34号）

ジャパン・ツーリスト・ビューロー本部支部案内所並代理店
日本国際観光局
ジャパン・ツーリスト・ビューロー（目的　組織と事業）
◆扉
〈写真〉落葉踏みて（日光）
時事雑感 〔生野団六〕 2
西伯利亜《（シベリア）》の旅（一）〔木下淑夫〕 9
〈短歌〉井の頭 〔若月紫蘭〕 16
観光事業と伊太利鉄道　17
本邦スキー界の将来 〔稲田昌植〕 23
露西亜《（ロシア）》の窮状　27
鞄の塵（四）〔旅狂生〕 28
台湾の宝庫阿里山 〔長谷川謹介〕 30
東北の温泉　43
恐怖と狂喜 〔高田生〕 43
濠洲航路の現状 〔石沢民衛〕 52
卓上茶話　62
札幌のスキー〔北海道帝国大学文武会スキー部〕 64
樺太のスキー〔樺太日々新聞社〕 67
北京の印象 〔龍居枯山〕 70

大正七年夏期滞在外人数調　82
◆会報
名誉会員小林政吉君の逝去を悼む〔生野団六〕　84
大連支部より　84
朝鮮支部より　85
青島支部より　86
台湾支部より　87
ビューロー関係者動静一束　87
会員死亡　87
会員異動　87
三朝温泉近況　87
別府に新ホテル　88
新嘉坡《シンガポール》商品陳列館にて印刷物配布　88
印度の共進会印刷物出品　88
軽井沢並温泉臨時案内所来訪外客　88
伊太利政府へ印刷物寄贈　88
横浜案内所に於ける乗車船券発売　88
北京案内所に於けるポスター展覧会　88
ホテル協会総会　89
ビューロー最近発行の印刷物　89
大正七年八、九月中本部並各案内所来訪外客数　89
ビューロー内地嘱託案内所来訪外客数―大正七年八、九月中―　89
◆新刊紹介
鎌倉ファクトエンドリーゼンド　90

〈英文〉

The Japan Tourist Bureau (Board of Officers / Head Office / Branch Offices / Ticket & Inquiry Offices / Inquiry Offices /Agencies Abroad)
◆欧文広告
Bureau du Tourisme du Japon
Японское бюро для Туристовъ

Japan Tourist Bureau Railway Tickets
◆口絵写真
Mt. Myōkō
◆扉
Kambara, The Sixteenth Stage of the Tōkaidō Goju-san Tsugi By Hiroshige
An Appeal to Japan's Builders 〔Dr. Emmy V. Sanders〕 2
A Tour Through Hida Province 〔A. R. Paget〕 6
〈写真と文〉Poems in Sand 15
Tokonoma : The Eye of the Japanese Parlour 16
〈写真〉The Daibutsu, The Symbol of Eternity 22
"Kamakura, Fact and Legend" 23
Ski-ing in Japan : A Favourite Outdoor Sport in Winter 29
Mt. Kasagiyama 36
Guide to Peking 37
◆ Of Tourist Interest
The Chrysanthemum Show in Hibiya Park 48
The Tokyo Imperial Museum 48
Mt. Fuji 48
A New Record at Karuizawa 49
Impressions of a Japanese Theatre 49
The Hokkaido Exhibition 50
Exhibitions 50
"Bunten" 50
◆ J.T.B. Notes
New Hotel at Beppu 51
Wider Distribution of J.T.B. Literature 51
Tourist Services at Karuizawa & Unzen 51
Ticket Buisiness Taken Up by the Yokohama Inquiry Office 51
Poster Exhibition in Peking 52
The Japan Hotel Association 52

Latest Additions to Our Literature　52
The Tourist's Tokyo Calendar　53
The Tourist's Kyoto Calendar　54

第７巻第１号　大正８（1919）年１月発行（第35号）

ジャパン・ツーリスト・ビューロー本部支部案内所並代理店
日本国際観光局
ジャパン・ツーリスト・ビューロー（目的　組織と事業）
◆扉
〈写真〉遼陽白塔の雪景
平和の春を迎へて〔生野団六〕 2
大正七年ツーリスト事業回顧〔猪股忠次〕 5
温泉を特化せよ　16
鞄の塵（五）〔旅狂生〕 18
〈短歌〉冬の山〔石井直三郎〕 20
平和来と外客誘致〔添田寿一／阪谷芳郎／井坂 孝／龍居頼三／田中次郎／二条厚基／武藤金吉／林 愛作／堀 啓次郎／浅野良三〕 21
〈短歌〉大銀杏〔若月紫蘭〕 38
チエツホ・スロワーキ〔木下淑夫〕 39
支那古代文化の遺蹟を訪ねて〔関野 貞〕 43
卓上茶話　54
◆きさらぎの日の尽くるまで
冬の満洲〔国沢新兵衛〕 56
冬の朝鮮〔久保要蔵〕 63
冬の山東〔阪口新圃〕 67
冬の台湾〔下村 宏〕 70
本年のスキー界　76
渡台雑録　78
醍醐と宇治〔龍居枯山〕 80
台湾の六日〔猪股雪帆〕 86

◆会報
理事会 96
フォールダーケース備付 96
邦人客への乗車券発売開始 96
ビューロー事務打合会 97
チエツク軍幹部に対する斡旋 98
ホテル協会総会 98
最近ビューロー発行印刷物 98
大正七年十月及十一月中本部並各案内所来訪外客数 98
ビューロー内地嘱託案内所来訪外客数―大正七年十、十一月中― 98
十月及十一月中寄贈雑誌 99
◆編輯締切の後に
会長並役員更迭 100
ビューロー新会員 100
是迄本誌は 100

〈英文〉

The Japan Tourist Bureau（Board of Officers / Head Office / Branch Offices / Ticket & Inquiry Offices / Inquiry Offices /Agencies Abroad）
◆欧文広告
Bureau du Tourisme du Japon
Японское бюро для Туристовъ
Japan Tourist Bureau Railway Tickets
◆口絵
A Dawn of Peace
◆扉
Snow Scene on a Bright Morning
Travel from War to Work of Peace：Timely Advice to War-worn Men 2
A Tour through Hida Province（Continued from Previous Issue） 〔A.R. Paget〕 4

Street Scenes at the New Year : "Oibane"　23
"Bonseki", or Tray Landscapes〔Eisaku Waseda〕 24
Street Scenes in the New Year : "Waka Mizu"　31
A Dictionary of Things Japanese　32
Au Revoir Tokyo !〔A Translation of a Passage from Katai Tayama's "The Suburbs of Tokyo"〕　35
Japanese Houses〔An Englishman〕 36
Cost of a Japanese Lady's Clothes　39
Winter in Japan 〔Iichi Okada〕 40
Street Scenes in the New Year : "Manzai", "Sarumawashi"　45
Specimens of Short Trips in Japan（1）: An Excursion to Amanohashidate from Kyoto　46
Famous Radium Spring at Masutomi　〔Tomitaro Suzuki〕 49
Street Scenes at the New Year : "Shishimai"　62
◆Of Tourist Interest
The Ueno Pagoda　63
Belgian Actress as "No" Dancer　63
Motor Omnibuses to Be Run in Tokyo　63
The World Conference of Sunday Schools　63
Improvements in the Metropolitan Communication on the Suburban and Interurban Lines　63
Tips to Train Boys　64
Table d'hote Tariff in the Dining Car Raised　64
The Revision of Berth Charges　64
Hakone Made More Attractive by a Golf Course　64
◆J.T.B. Notes
General Meeting of the Japan Hotel Association　65
J.T.B. Folder - Cases　65
J.T.B. Literature　65
Japan Hotel Association　65
List of Publications of the J.T.B.　66

The Tourist's Tokyo Calendar 67
The Tourist's Kyoto Calendar 68
◆折込
A Japan Tourist Calendar

第7巻第2号 大正8（1919）年3月発行（第36号）

ジャパン・ツーリスト・ビューロー本部支部案内所並代理店
ジャパン・ツーリスト・ビューロー（目的 組織と事業）
日本国際観光局
◆扉
〈写真〉汽車の窓に見上ぐ岡の桜哉（子規）
時事雑感 〔生野団六〕 2
心付きたることども 〔添田寿一〕 9
船客業務に対する戦後の新計画 〔永島義治〕 15
鞄の塵（六）〔旅狂生〕 17
〈短歌〉雪の夜 〔若月紫蘭〕 19
西伯利亜《シベリア》の印象（三）〔木下淑夫〕 20
◆旅客待遇に関する希望と註文
鉄道客に対する希望 〔種田虎雄〕 35
電車乗客に対する希望 〔近藤賢二〕 38
汽車旅行に対する作法に就て 〔荒木三郎〕 39
鉄道・電車・汽船に対する註文 〔伊東忠太／杉村広太郎／粟津清亮／山本久三郎／逸名氏／倉知鉄吉／藤村義朗／横田千之助／岩崎 勲／植原悦二郎／巖谷小波／熱海浴客山人／石黒忠直／矢野恒太／逸名氏／横山勝太郎／近藤虎五郎／小川平吉／無名氏／村上直次郎／黒須龍太郎／手塚猛昌／花井卓蔵／福本日南／志賀重昂／荘田平五郎／有賀長文／武藤山治／高田畊安／山崎直方／夢男／龍居頼三〕 44
新たにホテルを建てるならば 〔大塚常吉〕 50
仏国に於けるホテル学校に就て 60
卓上茶話 69

み山のさくら〔武田久吉〕 71 （＊桜の品種の図説折込）
〈俳句〉春の雪〔高浜虚子〕 87
桜の名木と伝説　89
桜の名所　91
桜の印象　〔島田剛太郎／佐竹義文／坂田幹太／有吉忠一／馬淵鋭太郎〕 105
スキー地としての大湊要港を紹介す　〔稲田昌植〕 107
スキー界消息　111
ハロゲートの温泉宿　〔石黒忠篤〕 112
雪の越路へ　〔猪股雪帆〕 121
◆会報
役員異動　126
世界日曜学校大会準備　126
仏国航空団に対する斡旋　126
大正七年中渡来外人数調　126
紐育《(ニューヨーク)》代理店より　127
ホテルに関する調査　128
桜の名所に関する調査　128
ツーリスト読書会　128
ビューロー印刷物　128
大正七年十二月及八年一月中本部並各案内所来訪外客数　128
ビューロー内地嘱託案内所来訪外客数
—大正七年十二月及八年一月中—　129
大正八年一月中寄贈雑誌　129

〈英文〉

The Japan Tourist Bureau (Board of Officers / Head Office / Branch Offices / Ticket & Inquiry Offices / Inquiry Offices /Agencies Abroad)
◆欧文広告
Bureau du Tourisme du Japon
Японское бюро для Туристовъ

Japan Tourist Bureau Railway Tickets
◆口絵写真
How the Ingenious Cudgels His Brains on a Day of Flowers
Flower(Cherry)-Viewing Party, Asukayama(the Upper), Koganei(the Lower)
◆扉
Japanese Humour, Old and New〔Eisaku Waseda〕 2
Japanese Characteristics〔Christopher Noss〕 15
How a Blind Man Enjoyed Cherry-Blossoms 21
A Dictionary of Things Japanese : Hina-Matsuri, or Doll Festival for Girls 22
Hina Makers 25
〈詩〉Familiar Cherry Poems〔Masafusa / Gyson / Ono no Komachi / Kino Tomonori〕 26
Favourite Resorts for Cherry Blossoms 26
Kagamibiraki : New Year Feast at the Kōdokan 30
Roosevelt and Jujitsu 35
How Japan Celebrated the Birthday of Her Constitution〔H.S. Palmer〕 36
Specimens of Short Trips in Japan（2）: A Week-end Trip to Mt. Tsukuba 49
A Week in the Japanese Alps〔W.A. Tomlinson〕 52
◆ A Japanese Miscellany
The Doll Theartre of Osaka 66
Toy Horses 67
Imperial Gifts to Aged Peers 67
A Garaden Assosiation 68
A Mirror-cake Extraordinary 68
A New "No" Stage in Osaka 68
Mid-winter Swimming 69
A Festival of the Needle 70

◆ Of Tourist Interest
More Parks for Tokyo　71
Park Improvements in Yokohama　71
A Live Stock Fair　71
The First Undersea Railway in Japan　71
Cold Air Baths and Exercise in Snow　71
"The New East" to Go on　71
Japan Diary　72
◆ J.T.B. Notes
Fresh and Rivised J.T.B. Literature　73
"The Tourist"　73
Japan Hotel Association　73
List of Publications of the J.T.B.　74
The Tourist's Tokyo Calendar　75
The Tourist's Kyoto Calendar　76

第７巻第３号　大正８（1919）年５月発行（第37号）

ジャパン・ツーリスト・ビューロー本部支部案内所並代理店
ジャパン・ツーリスト・ビューロー（目的　組織と事業）
日本国際観光局
「謹みて東宮殿下の御成年を祝し奉る」
◆扉
〈写真〉鶯を水上に聞き卯月かな（梅岑）
時事雑感　〔生野団六〕　2
ホテル問題の研究　9
〈俳句〉伊豫の湯　〔高浜虚子〕　15
欧羅巴風俗一斑　〔川田正徴〕　16
鞄の塵（七）　〔旅狂生〕　22
新羅の旧都慶州　〔大内秀麿〕　24
◆旅の日記より

新緑の印象 〔龍居枯山〕 24
紐育《ニューヨーク》の御芝居 〔大塚常吉〕 27
日光行 〔エサウル・ヤーノフ〕 31
グランド・ケニオン 〔三輪善太郎〕 34
新緑の信濃 〔若月紫蘭〕 38
ウインゾルの鹿苑 〔石黒忠篤〕 44
日本アルプスより 47
躑躅の名所 49
〈短歌〉浅間の麓 〔石井直三郎〕 53
卓上茶話 54
青島より 56
◆会報
役員の動静 57
渡来外客は益々増加しつつあり 57
近藤男爵よりの来信 58
万国日曜学校大会 58
マーブル博士一行に対する斡旋 58
セメヨノフ夫人一行に対する斡旋 58
ホテル満員 59
大正七年下半期本邦渡来外人数 59
ビューロー新刊印刷物 59
露国交通大臣夫人一行に対する斡旋 60
米国とフヰルム交換 60
乗車船券の発売に就て 60
大正八年二月、三月中本部並各案内所来訪外客数 60
ビューロー内地嘱託案内所来訪外客数―大正八年二月三月中― 61
大正八年二月及三月中寄贈雑誌 61

〈英文〉

The Japan Tourist Bureau (Board of Officers / Head Office / Branch Offices / Ticket & Inquiry Offices / Inquiry Offices /Agencies Abroad)

◆欧文広告
Bureau du Tourisme du Japon
Японское бюро для Туристовъ
Japan Tourist Bureau Railway Tickets
◆口絵写真
Port of Katsuura, Kii Peninsula / Hashikui-iwa, near Kushimoto, Nii / The Great or First Fall, the Largest of 48 Nachi-no-taki, Kii Peninsula
◆扉
The Wild Cherries of Japan 〔H. Takeda〕 2
（＊桜の品種の図説折込）
The Romance of a Mask-Maker 〔Eisaku Waseda〕 23
Wonder in the Vegetable Kingdom 33
A Dictionary of Things Japanese : Tango-No-Sekku, The Obi, The Japanese Woman's Belt 34
"The Playground of the Far East" 40
The Conquest of Fude-Iwa : Myogi-San 〔Walter Weston〕 43
〈詩〉Tokyo Contrasts 〔Edith Wilds〕 47
A Romantic Trip to Kii Peninsula 48
Specimens of Short Trips in Japan（3）: A Short Day's Trip to the Temple of Kitain 60
A Week in the Japanese Alps (Continued from Previous Issue) 〔W.A. Tomlinson〕 65
Foreign Residents in Yokohama 78
◆ A Japanese Miscellany
A Feast of Poetry 79
A Big Statue of Kishimojin 81
Exhibition of Colour Prints 81
An Entomological Temple 84
A Valuable Present to the Imperial Museum 85
◆ Of Tourist Interest

Motor Buses Help to Smooth Tokyo Traffic　86
New Elevated Line Opened　86
New Summer Resort is Planned　86
To Walk Distance of Earth's Circumference　86
Fine Art Gallery to Adorn the Capital　87
Stock Exposition Now in Progress　87
Ground Broken for New Imperial Hotel　87
Veteran Artist Works for the Railway Bureau　87
A New Batch of Guides　87
Japan Diary　88
◆ J.T.B. Notes
Movement of J.T.B. Honorary Members　89
Number of Visitors Increasing　89
Fresh J.T.B. Literature　89
J.T.B. Ticket Buisiness Enlarged　89
Japan Hotel Association　90
The Tourist's Tokyo Calendar　91
List of Publication of the J.T.B.　92

第７巻第４号　大正８（1919）年７月発行（第38号）

ジャパン・ツーリスト・ビューロー本部支部案内所並代理店
ジャパン・ツーリスト・ビューロー（目的　組織と事業）
「平和の鐘鳴る」
◆扉
〈写真〉夏の海入日静かにうつりけり（玉壺）
時事雑感〔生野団六〕2
〈短歌〉夜の歌〔若月紫蘭〕7
旅と文学〔戸川秋骨／長谷川天渓／中村吉蔵／上司小剣／内田銀蔵／内田 貢／日下部四郎吉／有島生馬／辻村伊助／小栗風葉／遠藤剛太郎／中村星湖／阿部次郎／安井小太郎／江見水蔭／高浜虚子／斎藤

阿貝／長田幹彦／龍居松之助／徳田秋声／永井荷風／笹川臨風／与謝野晶子／杉村広太郎／こにしのぶはち／昇 曙夢／梅沢親光／ Toki Yoshimaro ／逸名氏〕 8
鞄の塵（八）〔旅狂生〕 15
◆旅に対する注意
北海道旅行に対する注意　17
朝鮮旅行に対する一般注意　21
満洲旅行に対する注意　23
哈爾賓《ハルピン》方面旅行者に対する注意　25
青島方面旅行に対する注意　30
支那旅行に対する注意　34
十三陵より八達嶺へ〔佐藤生〕 17
歌劇「マノン」に就て〔松雨生〕 23
伯耆富士より宍道湖畔へ〔Ｙ生〕 32
〈俳句〉夏季雑詠　41
山ものがたり　43
避暑地に於ける新設備と滞在費　44
卓上茶話　55
南満洲避暑地案内　57
ホテルのぞ記〔雪帆生〕70
天龍川下り〔粟津水棹〕 72
展覧会の廊下にて〔飛耳生〕 85
◆会報
ビューロー第八回総会　86
東宮殿下へ「ツーリスト」献本　86
案内記類展覧会　86
夏期臨時案内所開所　86
理事就任　86
東管嘱託案内所打合会　86
「チエツク・スロワツク」傷病兵に対する斡旋　87
ポスター出品に対する斡旋　87

米客更に激増せん　87
北条線開通　87
日本ホテル協会総会　88
西伯利亜方面に案内記配付　88
山岳会大会に出品　88
ビューロー会計検査　88
新会員　88
大正七年度事業報告　88
ビューロー近刊印刷物　88
大正八年四月及五月中本部並各案内所来訪外客数　88
ビューロー内地嘱託案内所来訪外客数―大正八年四月及五月中―　89
大正八年三月及四月中寄贈雑誌　89

〈英文〉

The Japan Tourist Bureau（Board of Officers / Head Office / Branch Offices / Ticket & Inquiry Offices / Inquiry Offices /Agencies Abroad）

◆欧文広告

Bureau du Tourisme du Japon

Японское бюро для Туристовъ

Japan Tourist Bureau Railway Tickets

◆口絵写真

The Call of the Mountain and the Lure of the Sea/ Lake Taishō in the Japanese Alps

◆扉

Peace：A Promoter of Travel

Kyoto and Its Landscape Gardens 〔Tsuyoshi Tamura〕 2

Incense Ceremonies 〔Eisaku Waseda〕 14

A Dictionary of Things Japanese : Tanabata, or the Festival of Astral Deities 24

A Conversazione on Japan Travel 〔L.B. Cholmondeley / W.D. Cameron / D. Trott / H.C. Spackman / Mrs. Geo .Glockler / Paul

Houghton / A.E. Webb / J.N. Penlington / John Eills / Douglas M. Young / H.B. Benninghoff / A. Pieters / R.J. Ellder / J.A. Marston / H.E. Daunt / Charles A. Parry / L.J. Shafer / Ernest Wilson Clement / Y.T. Ozaki / Mrs. Hilton Pedley / E.H. Zaugg / J.S. Happer / Hugh Byas / G.W. Shaw / S.A. Searle / J.P. Whitney / J.Merle Davis〕 28

〈詩〉Japan, The Land of the Muses 〔E.A. Sturge〕 37

The Last Days of Lafcadio Hearn 〔Setsuko Koizumi（Mrs.Hearn）〕 38

Mujina 〔From “Rashomon” Ryunosuke Akutagawa : Translated by Sugaji Okabe〕 45

Greatest Bell in the World 48

A Day's Scramble Among Crags : Hill Climbing Range for Tokyo Dwellers 〔Alfonso Johnson〕 49

Quiet Days at Atami 〔"Englishman"〕 53

Specimens of Short Trips in Japan（IV）: Shrines of Kashima and Katori Famous Pilgrim Resorts 56

A Romantic Trip to Kii-Peninsula, Part II 60

◆ Japanese Miscellany

Timber for the Ise Shirines 75

The Japan Ornithological Association 76

The Japan Alpine Club 76

Music Halis 76

Money Offering at Asakusa Temple 76

Two Giant Niō 77

The Meiji Shrine 78

Tributes to Artists 78

"Safety First Week" in Tokyo 79

◆ Of Tourist Interest

How a Tourist Recovered Her Lost Package 80

A Statue of Japan's Greatest Actor 80

Another Park for Tokyo　80
Hōjō is Now within Easy Reach　80
Miyanoshita Rendered More Accessible　80
The Ayu Fishing Season Set in　81
Japan Diary　82
◆ J.T.B. Notes
Annual General Meeting　83
Presentation of "The Tourist" to H.I.H. the Crown Prince　83
Exhibition of Guide Books　83
Inquiry Offices at Summer Resorts　83
Japan Hotel Association　83
The Tourist's Tokyo Calendar　84

第７巻第５号　大正８（1919）年９月発行（第 39 号）

ジャパン・ツーリスト・ビューロー本部支部案内所並代理店
日本国際観光局
ジャパン・ツーリスト・ビューロー（目的　組織と事業）
◆扉
〈写真〉赤城山白樺の森
時事雑感 〔生野団六〕 2
ホテル問題 〔小西 和／中上川次郎吉／白石元次郎／山口正造／石黒忠直／押川方義／上杉慎吉／龍居頼三／鈴木梅四郎／田中次郎／赤阪生／土佐幸太郎／三宅秀／安岡秀夫／杉村楚人冠／李家隆介／伊藤欽亮／武藤金吉／得能佳吉〕 10
鞄の塵（九）〔旅狂生〕 20
「鞄の塵」に共鳴す 〔松雨〕 22
八ヶ岳登り 〔大須賀乙字〕 23
奥のまがね路 〔大槻憲二〕 23
丹沢山の思ひ出 〔雲閑居Ｎ生〕 30
霧の赤城山 〔春野 薫〕 36

湖水めぐり 〔野上豊一郎〕 44
〈俳句〉夏から秋へ 65
伊太利の自働車網 67
もみぢの旅 68
北海道印象記 〔雪帆生〕 76
卓上茶話 79
蒙古の話 〔外山高一〕 81
◆大事小事
旅館業者へ御相談 〔MH 生〕 95
鉄道お役人の言葉 〔T 生〕 95
◆会報
ビューロー理事会 96
ビューロー第八回総会 96
支部長就任 97
温泉《うんぜん》臨時案内所より 97
軽井沢臨時案内所より 98
仏国答礼艦デストレイ号乗込員に対する斡旋 98
夏期旅客増加 98
富士登山客増加 99
案内記類展覧会 99
別府ホテル開業 99
最近発行の印刷物 99
夏季温泉臨時案内所来訪外客数―自七月中旬至八月上旬― 100
夏季軽井沢臨時案内所来訪外客数 100
大正八年六月及七月中本部並各案内所来訪外客数 100
ビューロー内地嘱託案内所来訪外客数―大正八年六月及七月中― 100
大正八年六月及七月中寄贈雑誌 101

〈英文〉

The Japan Tourist Bureau（Board of Officers / Head Office / Branch

Offices / Ticket & Inquiry Offices / Inquiry Offices /Agencies Abroad)

◆欧文広告

Японское бюро для Туристовъ

Bureau du Tourisme du Japon

Imperial Goverment Railways of Japan

Nippon Yusen Kaisha

Toyo Kisen Kaisha

Osaka Shosen Kaisha

Nisshin Kisen Kaisha

South Manchuria Railway Co.

Hotels in Japan & Manchuria

The Hakubunkwan Printing Co., Ltd.

Mikimoto

Japan Tourist Bureau Railway Tickets

List of Publication of the J. T. B.

◆口絵写真

Two Appealing Autumn Scenes from the Suburbs of the Ancient (upper) and Modern (lower) Capitals of Japan / A Dream of Beauty

◆扉

Nagasaki En Fête 〔Eisaku Waseda〕 2

Japan and Greece 〔Walter Weston〕 14

The Glandeur of the Island Sea 18

The Caves of Yoshimi 〔Alfonso Johnson〕 27

A Dictionary of Things Japanese : Noren or Shop-curtain 32

Togoro and Denshichi : A Story of Two Samurai 〔S. Okabe〕 36

Kirishima Climb in Kyushu 〔Tomitaro Suzuki〕 40

Favourite Resorts for Maple Leaves 49

Specimens of Short Trips in Japan（V）: In the Land of the Reed : From Chōshi to Katori and Narita 52

〈詩〉Sonnets : Suggested by the Volcano Asamayama

〔James H. Cousins〕 55
The Himeji Castle 56
Lake Towada 59
◆広告
The Eastern Asia Official Guide Book 66
◆ A Japanese Miscellany
Mr. Bowie, A Lover of Japan 67
Films of Japanese Life 67
"Naginata" 68
An Institute for the Study of Indian Arts 69
An Order for Blue Goldfish 69
Nature's Calendar 69
Some Editorial Changes in the Tourist 70
Japan Diary 71
◆ Of Tourist Interest
Beppu More Enjoyable to Foreigners 72
Tokyo Furnished with What It Should Have 72
Outing for the Chrysanthemum 72
"Bunten", or the Mombusho Art Exhibition 72
Railroad Service Lately Improved 72
The Tourist's Tokyo Calendar 74

第 7 巻第 6 号　大正 8（1919）年 11 月発行（第 40 号）

ジャパン・ツーリスト・ビューロー本部支部案内所並代理店
日本国際観光局
ジャパン・ツーリスト・ビューロー（目的　組織と事業）
◆扉
〈写真〉晩秋の十和田湖
時事雑感 〔生野団六〕 2
汽車中の共同生活 〔木下淑夫〕 10

ホテル問題 〔米田穣／鶴見左吉雄／岸衛／逸名氏〕 18
〈俳句〉曼珠沙華 〔高浜虚子〕 21
鞄の塵（一〇）〔旅狂生〕 22
〈短歌〉から国の旅 〔長岡とみ子〕 24
過激派裡のロシア 25
奥のまがね路（二）〔大槻憲二〕 28
雨の高尾山 28
御嶽より増富へ 33
倫敦《ロンドン》より 〔保田生〕 43
スキーに対する希望と計画 〔外山高一／二荒芳徳／稲田昌植／中山再次郎／小林達也／北海道帝国大学文武会スキー部／慶應義塾山岳会スキー部／東京スキー倶楽部〕 45
〈短歌〉秋のこころ 〔孔雀草〕 53
スキー練習地の近況 54
日帰りと一泊旅行（東京附近）〔立教中学校長 元田作之進／成女学校長 宮田修／三輪田高等女学校／芝中学校長 渡辺海旭／日本大学中学校／東京府立第四中学校／東京高等女学校 棚橋絢子／東京府立第一高等女学校長 市川源三／青山学院長 高木壬太郎〕 58
去年の修学旅行〔高千穂学校長 川田鉄弥〕 63
〈短歌〉浦塩斯徳《ウラジオストク》にて 〔永田龍雄〕 65
避寒地の実際費用 66
蠟人形と音楽会 〔石黒忠篤〕 69
北海道に於けるスケート 78
◆会報
外人観光団に対する斡旋 80
仏国展覧会へ印刷物出品 80
バーンス・フィルプ会社へ印物送付 80
ビューローの新計画 80
軽井沢温泉臨時案内所閉鎖 81
ホテル協会総会 82
会員死去 82

最近発行の印刷物　82
会員発行の印刷物　82
日曜学校大会　82
大正八年八月及九月中本部並各案内所来訪外客数　83
ビューロー内地嘱託案内所来訪外客数―大正八年六月及七月中―　83
大正八年八月及九月中寄贈雑誌　84

〈英文〉

The Japan Tourist Bureau（Board of Officers / Head Office / Branch Offices / Ticket & Inquiry Offices / Inquiry Offices /Agencies Abroad）
List of Publication of the J.T.B.

◆欧文広告
Японское бюро для Туристовъ
Bureau du Tourisme du Japon
Imperial Goverment Railways of Japan
Nippon Yusen Kaisha
Toyo Kisen Kaisha
Osaka Shosen Kaisha
Nisshin Kisen Kaisha
South Manchuria Railway Co.
Hotels in Japan & Manchuria
The Hakubunkwan Printing Co., Ltd.
Leading New York Hotels
Shozo Nakamura & Co.
The Eastern Asia Official Guide Book
Mikimoto

◆口絵写真
A Ski Runner and Mt. Myoko in Winter Robes / The Snow-clad "White Tower" of Liao Yang

◆扉
The Shakuhachi 〔Junsuke Kawase〕 2

Visit Japan 〔Marguerite A. Salomon〕 9
Takayama-by-the-Sea 〔C. F. Stephens〕 14
A Day Spent at the Great Nambu Kettle Factory 〔A. R. Paget〕 21
Fire-Walking Ceremony 27
Lake Towada : Its Clear Water and Crimson Maple 〔Yaekichi Yabe〕 30
Stone Folklore 38
A Katakiuchi 〔Kan Kikuchi Translated by S. Okabe〕 41
〈写真と文〉Exhibition of a Classic Sport 53
Japanese Polo 54
Specimens of Short Trips in Japan（VI）: One Day Excursion to Monomiyama and the Ancient Caves at Yoshimi 61
Ski-ing and Skating in Japan 65
◆ A Japanese Miscellany
A European Exponent of "No" 76
The Yamato Kai 76
Forged Antiquities 77
Preservation of Places and Objects of Interest 77
A New Art Museum at Koyasan 77
Decoration of Mr. William Thomas Payne 78
〈写真と文〉（The Picture of Shows a Throughly Reconstructed "no" Theatre…） 53
◆ Of Tourist Interest
A Large Summer Hotel at Karuizawa 79
Industrial Exhibition in Fukuoka 79
New Tram Line to Yokosuka 79
A Grand Park for Yokohama 79
Improvement of Tokyo Streets 79
Railway Parcels 79
Steamship Companies Plan Extensive Programme 80
Scheme to Improve Japanese Highways 80

Convenient Trains Newly Added　80
Japan Diary　81
◆ J.T.B. Notes
Tourist Services at Karuizawa and Unzen Closed　82
The N.Y.K. New Guide Book　82
More Facilities to Be Extended to Tourists　82
Fresh J.T.B. Literature　82
The Tourist's Tokyo Calendar　83

第８巻第１号　大正９（1920）年１月発行（第41号）

ジャパン・ツーリスト・ビューロー本部支部案内所並代理店
ジャパン・ツーリスト・ビューロー（目的　組織と事業）
日本国際観光局
◆扉
〈写真〉日本アルプスの朝
外客誘致と其経済的考察　〔生野団六〕　2
大正八年ツーリスト事業回顧　〔猪股忠次〕　7
欧米歴遊の感想　〔添田寿一〕　15
〈短歌〉旅の歌より　〔尾上柴舟〕　17
鞄の塵（十一）〔旅狂生〕　18
〈俳句〉北海道にて　〔高浜虚子〕　20
ツーリスト事業の将来と外客待遇改善の急務　〔堀 啓次郎／龍居頼三／田中次郎／浅野良三〕　21
関西の旅　〔松雨生〕　33
歳末新年の旅に思出づることども　〔高浜虚子／田村 剛／中島滋太郎／坪谷善四郎／別所梅之助／村上恭一／龍居枯山／国沢新兵衛／林 愛作／増田義一／尾上柴舟／片山 寛／中川 静／二荒芳徳／巖谷小波／添田寿一／田中次郎／上山蔗庵／辻村伊助／花井卓蔵／若月紫蘭／鹿子木員信／副島八十六／大類 伸〕　34
日本旅行に対する警告と希望　〔ヴァージニア・リー・ウェルチ〕　41

日本に於ける航空ツーリスム 〔フォール大佐〕 46
冬の旅行に注意すべきこと 〔井村英次郎〕 49
本邦スキー界の統一 〔稲田昌植〕 54
庫倫《(クーロン)》の四正月 〔外山高一〕 59
アムール遊記—北遣艦隊に便乗して 〔豊原清雄〕 71
旅行顧問 81
◆大事小事
　新造の三等車〔博〕 82
　駅の便所に就て〔実見生〕 82
　東京市の撒水〔M 生〕 82
◆会報
　世界日曜学校大会後援会晩餐会 83
　印刷物送付 83
　ビューロー最近の印刷物 83
　世界日曜学校大会一部委員会 83
　ジャパン・ソサイテーより 83
　山岳写真頒布 84
　東京スキー倶楽部 84
　大正八年十月及十一月中本部並各案内所来訪外客数 84
　ビューロー内地嘱託案内所来訪外客数—大正八年九月及十月中— 85
　大正八年十月及十一月中寄贈雑誌 85

〈英文〉

The Japan Tourist Bureau (Board of Officers / Head Office / Branch Offices / Ticket & Inquiry Offices / Inquiry Offices /Agencies Abroad)
◆欧文広告
　Японское бюро для Туристовъ
　Bureau du Tourisme du Japon
　Japan Tourist Bureau Railway Tickets
　Imperial Goverment Railways of Japan
　Nippon Yusen Kaisha

Toyo Kisen Kaisha
Osaka Shosen Kaisha
Nisshin Kisen Kaisha
South Manchuria Railway Co.
Taiwan Railways
Hotels in Japan & Manchuria
Leading New York Hotels
Shozo Nakamura & Co.
Grand Hotel de Peking
Central Hotel
The Hakubunkwan Printing Co., Ltd.
Mikimoto
◆口絵写真
New Year Pastimes（Upper, Poem-card Playing / Lower , Battledore and Shuttlecock）/ New Year Greeting
“Outa Gokai Hajime”：Court and People Join in Poetizing　1
On Chinese Writing　〔Henry P. Bowie〕　4
The Shōsōin and Its Historic Treasures　〔Eisaku Waseda〕　9
Visits to Enoshima　〔Virginia Lee Welch〕　19
〈詩〉To a Japanese Lily　〔Virginia Lee〕　26
A Trip to Hokkaido　〔A. R. Paget〕　27
Government Railway Fares to Be Increased　38
Kuramayama-No-Himatsuri : Great Fire Festival of Kuramayama 〔Tomitaro Suzuki〕　39
Yagobei and the Fox : Japanese Legend　〔J.T.B.〕　49
"Pot Trees"（Hachinoki）〔Prof. Takenobu〕　56
Tenjinkō : The Festival of the God of Calligraphy　〔A Witness〕　62
Specimens of Short Trips in Japan（VII）: Along the Sandy Beach; Ohara and Its Coastline　67
◆ A Japanese Miscellany
A Memorial Service for Railway Men　70

A Womanly Virtues Exhibition　71
A Test of Self-Possession　72
Townsend Harris as a Drama Hero　73
Five Great Theatres in Tokyo　73
◆ Of Tourist Interest
Plans for More Big Hotels　74
New Highway　74
Railway Extensions　74
Kobe Is Planning Big Improvements　75
First Foreign Bank in Tokyo　75
Passenger Rates to Formosa Increased　75
Post and Telegraph Rates to Be Raised　75
◆ J.T.B. Notes
"Guide to Nikko"　76
Daily News of Hotel Accommodation　76
Supply of J.T.B. Literature among the American Public　76
◆広告
The Eastern Asia Official Guide Book　66
Japan Diary　77
The Tourist's Tokyo Calendar　78

第８巻第２号　大正９（1920）年３月発行（第42号）

ジャパン・ツーリスト・ビューロー本部支部案内所並代理店
ジャパン・ツーリスト・ビューロー（目的　組織と事業）
日本国際観光局
◆扉
〈写真〉暖かき光を浴びて
時事雑感〔生野団六〕2
太平洋彼岸に於ける善隣〔木下淑夫〕9
我が国ホテルの現在及将来〔林 愛作〕15

世界日曜学校大会に就て　〔猪股忠次〕　22

鞄の塵（十二）〔旅狂生〕　27

〈俳句〉麦蒔き　〔高浜虚子〕　29

米国人の特性と其長所短所　〔福岡秀猪／杉村楚人冠／望月小太郎／山室軍平／村井貞之助／綱島佳吉／櫛引弓人〕　30

北海道管見と外客誘致法　〔外山高一〕　38

桜の名所　43

紅丸で泉都別府へ　〔猪股雪帆〕　43

筑紫一瞥　〔香月味木〕　54

消息と印象　65

〈詩〉京都の茶道の老師匠　〔アントワネット・ロウタン・ピータソン〕　65

東京起点名勝一晩泊り記　〔素石〕　69

◆北海道と樺太のスキー

　札樽スキー駅伝競走　〔北海道帝国大学スキー部〕　71

　樺太スキー界の現況　〔桜庭留三郎〕　76

造園より見たる桜　〔田村 剛〕　78

さくら　〔別所梅之助〕　83

江戸花見の思出　〔龍居枯山〕　85

ユングフラウに於けるスキー舞踊会　〔白石杣彦〕　89

◆会報

　外人渡来客増加　100

　外客に対する便宜増進と国情宣伝計画　100

　ホテル盛況　100

　大正八年自一月至十月宿泊員数　101

　外人浴客減少　101

　塩原ホテル設立計画　101

　箱根に公開修養場設置計画　102

　日曜学校大会　102

　万国寝台東洋代理店閉鎖　103

　新刊の印刷物　103

　日本ホテル協会春期総会　103

本欄記事　103
スキー倶楽部例会　103
大正八年十二月及九年一月本部並各案内所来訪外客数　103
ビューロー内地嘱託案内所来訪外客数—大正八年十二月中—　104
大正九年一月中寄贈雑誌　104
◆広告
鮮満支那浦塩《ウラジオ》方面行連絡各種乗車券発売並寝台船室予約取扱／『英文東亜交通案内』第 1 巻～第 5 巻／『朝鮮満洲支那案内』／『英文日本地図』／『英文東京地図』／『英文横浜地図』／『英文神戸地図』／『英文京都地図』／『英文北京地図』／『避暑旅程と実際費用』（ジャパン・ツーリスト・ビューロー）　106

〈英文〉

The Japan Tourist Bureau（Board of Officers / Head Office / Branch Offices / Ticket & Inquiry Offices / Inquiry Offices /Agencies Abroad）
◆欧文広告
Bureau du Tourisme du Japon
Японское бюро для Туристовъ
Japan Tourist Bureau Railway Tickets
Imperial Goverment Railways of Japan
Nippon Yusen Kaisha
Toyo Kisen Kaisha
Osaka Shosen Kaisha
Nisshin Kisen Kaisha
South Manchuria Railway Co.
Taiwan Railways
Hotels in Japan & Manchuria
Leading New York Hotels
Shozo Nakamura & Co.
Grand Hotel de Peking
Central Hotel

The Hakubunkwan Printing Co., Ltd.
Mikimoto
Moji Kammon Express Agency
J.T.B. Publications
Imperial Goverment Railways of Japan
◆口絵写真
Prince and Princess in the Doll's Display / Sakura at Edogawa, Tokyo / Cherry Blossom and Pagoda
Sakura 1
How to Get the Most Out of a Visit to Japan 〔T. Philip Terry〕 6
On the Essential Characteristics of Japanese Painting 〔Henry P. Bowie〕 12
Unbeaten Tracks : A Near Yet Far Holiday Trip 〔Alfonso Johnson〕 19
〈詩〉The Old Tea Master of Kyoto〔Antoinette Rotan Peterson〕 26
A Dictionary of Things Japanese : Money Envelopes / "Tanzaku," or Poem Cards 31
Guide to the Tokyo Imperial Museum 34
A Trip to Hokkaido Part Ⅱ 〔A. R. Paget〕 46
Successful Recovery of a Sunken Bell 61
Girl Motorbus Conductors 〔J. C. 〕 64
An Appreciation of the Fujiya Hotel,Miyanoshita〔C. F. Stephens〕 65
Specimens of Short Trips in Japan（VIII）: Nagatoro 67
Express Ferry Service 69
◆ A Japanese Miscellany
Moxa 70
Urban Building Sites 71
Flowers as Presents 71
◆ Of Tourist Interest
Homes for Foreign Visitors 72
Skiing in Hokkaido 72

Japan Diary　73
The Tourist's Tokyo Calendar　74

第8巻第3号　大正9（1920）年5月発行（第43号）

ジャパン・ツーリスト・ビューロー本部支部案内所並代理店
ジャパン・ツーリスト・ビューロー（目的　組織と事業）
日本国際観光局
◆扉
〈絵〉限りなきよろこび
時事雑感〔生野団六〕 2
ツーリスト事業の将来と隣接諸邦との関係〔木下淑夫〕 9
鞄の塵（十三）〔旅狂生〕 15
紐育《(ニューヨーク)》のペンシルバニアホテル〔大塚常吉〕 17
遭難後の幻影〔辻村伊助〕 37
米国人の長所短所〔藤原俊雄〕 37
米国人に対する注意〔根本 正〕 39
支那旅行にはどんな準備が要るか〔佐藤汎愛〕 40
蓮華山近況　45
ツーリスト消息　47
日本アルプス登山の人々へ〔矢沢米三郎〕 48
吾等米人の宿泊するに堪へざる日本のホテル　49
露草の褥に臥して〔百瀬慎太郎〕 56
落雷と落石〔鈴木益三〕 58
山の経験と印象〔丸山晩霞〕 60
ユングフラウに対する感想〔白石杣彦〕 66
卓上茶話　68
大正八年度スキー界総勘定　70
白馬紀行〔鈴木益三〕 75
◆会報
日本旅館側代表との懇談会　93

Taiwan Railways
Hotels in Japan & Manchuria
Central Hotel
The Hakubunkwan Printing Co., Ltd.
Leading New York Hotels
Shozo Nakamura & Co.
Grand Hotel de Peking
Mikimoto
Moji Kammon Express Agency
J.T.B. Publications
Hayashiya Yoko（Dealer in Ancient Chinese Object of Arts）
Imperial Goverment Railways of Japan
◆口絵写真
Boy's Festival Dolls / Azalea Grove, Tatebayashi / The Iris (The Flower of the Month）
Tokyo and Its Historic Links with the West : Kirishitan Yashiki 1
Winter Glimpses of Koyasan 〔Tomitaro Suzuki〕 8
Pleasure and Comforts of Trip to Japan 〔R. Fox〕 21
Sessen-Doji 28
A Trip yo Hokkaido : Part. Ⅲ 〔A. R. Paget〕 32
〈詩〉Fuji San 〔P.H. Dodge〕 50
The Three Monkeys of Nikko 〔Ernest W. Clement〕 51
Shopping in Japan 〔M. Leola Crawford〕 53
A Tragi-comedy of Education 〔Eisaku Waseda〕 58
French Aviation Mission Leaves Japan 61
The Shukokai 62
〈詩〉For Now and Coming Time 〔P. H. Dodge〕 64
Specimens of Short Trips in Japan（IX）: Kasukabe and Tatebayashi 65
◆ A Japanese Miscellany
Japanese Aviator Completes Flight from Tokyo to Seoul and

Back　69
Return Flight from Seoul to Tokyo　70
The Japan Red-cross Society　70
◆ Of Tourist Interest
Japanese Hotels for the Accommodation of Foreign Tourists　73
Railway Improvement　74
Tramway Fare to Be Increased　74
To Construct a Large Hotel at Atami　74
Big Exhibition Planned for 1922　74
To Build New Boats for Near Seas Service　74
Japan Diary　75
The Tourist's Tokyo Calendar　76

第８巻第４号　大正９（1920）年７月発行（第44号）

ジャパン・ツーリスト・ビューロー本部支部案内所並代理店
ジャパン・ツーリスト・ビューロー（目的　組織と事業）
日本国際観光局
◆扉
〈写真〉涼風を浴びて
時事雑感〔生野団六〕　2
公徳心毀損の原因〔二荒芳徳〕　9
涼榻茶話　12
外人避暑地に就て〔猪股忠次〕　13
〈短歌〉追憶の淡路島〔若月紫蘭〕　18
鞄の塵（十四）〔旅狂生〕　19
涼しき旅の思い出〔増田義一／堀内文次郎／添田寿一／稲田昌植／鶴見右左雄／高橋邦太郎／白石杣彦／避暑の書生／前田三遊／八杉貞利／又木周夫／門野重九郎／若月紫蘭／むらかみ、きやういち／赤星陸治／大類 伸／田中次郎／田村 剛／別所梅之助／巖谷小波／杉村広太郎／遠藤松雨／龍居枯山／二条厚基／山本久三郎／岡実／龍居頼三／

石井直三郎／永代静雄／志立鉄次郎／外山高一／副島八十六／猪股雪帆／逸名氏〕 21
外人の好む夏の旅　31
芬蘭《フィンランド》の体育 〔外山高一〕 33
露国画家の印象・イリイン君　44
紐育《ニューヨーク》のペンシルバニアホテル（承前）〔大塚常吉〕 45
ジョセフ・コプタ君　55
ヴァンダリップ氏一行の印象　56
北海道観光旅程　57
湯の川より　57
日本アルプス登山旅程　61
避暑地に於ける新設備と滞在費　64
夏はどこの温泉を選ぶか　76
房山紀 〔武内義雄〕 78
寒い台湾 〔米田九郎〕 86
◆会報
ビューロー第九回総会　91
船内掲示「ホテル表」作製　91
ヴアンダリツプ氏一行に対する斡旋　91
夏期臨時案内所開所　91
外人取扱方に就て　91
印刷物出品　91
チエツク体力部長に対する斡旋　91
博義王殿下一行に対する斡旋　92
万里長城遊覧　92
米国両院議員団御一行来朝予定　92
案内記類海外発送　92
ビューロー会計検査　92
紐育《ニューヨーク》代理店より　92
ビューロー発行の印刷物　93
日本旅行倶楽部創立　93

〈英文〉

Hayashiya Yoko（Dealer in Ancient Chinese Object of Arts）
Mikimoto
Moji Kammon Express Agency
J.T.B. Publications
Imperial Goverment Railways of Japan
◆口絵写真
Lake Tazawa / Blossom of the Season / Kōuntei
Hot Springs in Japan 1
〈詩〉Railway Song〔P.H. Dodge〕8
Easter at Atami 〔Alfonso Johnson〕 9
The Japan-China through Traffic Conference 15
A Dictionary of Things Japanese（VII）: Asakusa-Nori 16
Heirlooms of Early Christianity Visible in Japan 〔E. A. Gordon〕 19
From My Travel Sketch-Book 〔Tomitaro Suzuki〕 42
Mountains in Japan 〔Yae-kichi Yabe〕 60
A Trip to Hokkaido Part IV〔A. R. Paget〕 64
Two European Pioneers in the Ascent of Mt. Fuji 82
A Japanese Story and Its Greek Counterpart 〔E. Nagasawa〕 83
〈詩〉The Voice of Kegon Fall 〔P. H. Dodge〕 86
My Visit to Yumoto, Nikko 87
The Book Shelf 91
Temples of Tokyo 92
Specimens of Short Trips in Japan（X）: A Trip to Shodo-shima in the Inland Sea from Kobe 93
Vanderlip Makes a Big Impression 96
Latest Travel Information in Japan 〔Japan Tourist Bureau〕 97
◆ A Japanese Miscellany
Fireflies Presented to the Imperial Family 99
The Imeprial Sericultural Station 99
Italians Complete Rome-Tokyo Flight 100
A "Time" Exhibition 100

Notes and News　101
◆ Of Tourist Interest
Scheme to Improve Tokyo Streets　102
New Railway Station at Osaka　102
Subways for Tokyo are Planned　102
Japan Shipowners Association Established　103
Objectives for Mountain Climbers　103
Japan Diary　104
The Tourist's Tokyo Calendar　106

第８巻第５号　大正９（1920）年９月発行（第45号）

ジャパン・ツーリスト・ビューロー本部支部案内所並代理店
日本国際観光局
ジャパン・ツーリスト・ビューロー（目的　組織と事業）
◆扉
〈写真〉秋晴の上高地
時事雑感　〔生野団六〕　2
ツーリスト事業の将来と隣接諸邦との関係（承前）〔木下淑夫〕　10
お茶うけ　16
日曜学校世界大会に対する感想　〔井深梶之助〕　17
鞄の塵（十五）〔旅狂生〕　21
旅館法規の研究　〔大塚常吉〕　23
〈短歌〉滝　〔若月紫蘭〕　34
〈俳句〉紫陽花　〔虚子〕　35
京都西山にて　〔大類 伸〕　36
環海航路日記　〔広瀬保庵〈遺著〉〕　36
鳥海山　〔春野 薫〕　46
瀬戸内海の一奇勝　顧みられぎる阿伏兎　〔前田三遊〕　59
世界日曜学校大会　64
外客待遇と私の経験　〔古河不二子〕　65

旅館改造の第一歩〔猪股生〕 67
旅行とクック社〔平岡虎之助〕 69
紅葉を訪ねて 71
日本旅行倶楽部創立の趣意 85
倶楽部記事 87
今様雲助の跋扈〔猪股生〕 88
◆会報
　外国ゆき旅客斡旋 89
　トーマス・クック社との契約 90
　米国議員団斡旋 90
　クラー氏の所感 90
　尼野氏死去 91
　会員代表者異動 92
　ビューロー最近の印刷物 92
　大正九年度六月及七月本部並各案内所来訪外客数 92
　ビューロー内地嘱託案内所来訪外客数（大正九年五月及六月中） 92
　新刊紹介（『鉄道物語』吉川速男／『木曾の神秘境』村井弦斎） 93
　大正九年六月及七月中寄贈雑誌 94
◆広告
　『一九二〇年版旅程と費用概算』／『朝鮮満洲支那案内』（ジャパン・ツーリスト・ビューロー） 95
　満支那浦塩《ウラジオ》方面行連絡各種乗車券発売並寝台船室予約取扱／『英文東亜交通案内』第１巻〜第５巻／『朝鮮満洲支那案内』／『英文日本地図』／『英文東京地図』／『英文横浜地図』／『英文神戸地図』／『英文京都地図』／『英文北京地図』／『露文東京地図』（ジャパン・ツーリスト・ビューロー） 96

〈英文〉

The Japan Tourist Bureau（Board of Officers / Head Office / Branch Offices / Ticket & Inquiry Offices / Inquiry Offices /Agencies Abroad）
◆欧文広告

Bureau du Tourisme du Japon
Японское бюро для Туристовъ
Japan Tourist Bureau Railway Tickets
Japanese Goverment Railways
Nippon Yusen Kaisha
Toyo Kisen Kaisha
Nisshin Kisen Kaisha
Japan Hotel Association
South Manchuria Railway Co.
Taiwan Railways
Mikimoto
Moji Kammon Express Agency
S. Nishiimura & Co., Ltd.
The Hakubunkwan Printing Co., Ltd.
Leading New York Hotels
Shozo Nakamura & Co.
Hayashiya Yoko（Dealer in Ancient Chinese Object of Arts）
Imperial Goverment Railways of Japan
J.T.B. Publications
◆口絵写真
Kumesaburo and His Patrous / A Glimpse of the Inland Sea, near Onomichi
A Word of Welcome to the W.S.S.C. Delegates　1
The Actor Iwai Kumesaburo　〔Masahaya Fujiwara〕　4
Heirlooms of Early Christianity Visible in Japan, Part II　〔E. A. Gordon〕　8
Errata in the preceding Article　33
A Globe Trotter's Impressions of Japan : Eulogisms and Criticisms 〔Frederick Stubbs〕　34
A Day's Excursion on Lake Biwa　〔Tomitaro Suzuki〕　40
A Trip to Hokkaido, Part V　〔A. R. Paget〕　49

Autmn in Japan 〔Yae-kichi Yabe〕 73
Singing Insects 〔Eisaku Waseda〕 79
A Railway Exhibition 83
Favourite Resorts for Maple Leaves 86
◆ A Japanese Miscellany
Appearance of Another English-edited Magazine 89
A Ready-at-hand Employment for the Unemployed 89
A Queer Way of Tracing a Missing Man 90
Modern Buildings in Tokyo 90
◆ Of Tourist Interest
Japan Tourist Bureau's Service for Outgoing Travellers 91
Arrangements with Thomas Cook & Son 91
Special Electric Train Service between Tokyo and Yokohama Water Front 91
Chrysanthemum Viewing 92
"Teiten", or the Mombusho Art Exhibition 92
Japan Diary 93
The Tourist's Tokyo Calendar 94

第8巻第6号　大正9（1920）年11月発行（第46号）

ジャパン・ツーリスト・ビューロー本部支部案内所並代理店
日本国際観光局
ジャパン・ツーリスト・ビューロー（目的　組織と事業）
◆扉
〈写真〉越後にて
時事雑感 〔生野団六〕 2
日本旅行倶楽部の設立とその使命 〔二荒芳徳〕 11
鞄の塵（十六）〔旅狂生〕 14
旅館法規の研究（承前完結）〔大塚常吉〕 16
スキー日記　グスタート滞留記（一）〔白石杣彦〕 25

スキー地巡り〔小林達也〕25
関山のスキー〔笹川速雄〕30
十和田行〔石黒五十二〕32
田沢湖〔春野 薫〕37
厳島に就て〔前田三遊〕43
環海航路日記（承前）〔広瀬保庵〈遺稿〉〕43
本邦スキー界に対する希望〔稲田昌植／堀内文次郎／鷺田成男〕48
スキー地便り　55
この冬のスキーの計画と経験・思出及好きな練習地〔又木周夫／葛良修／堀内文次郎／鷺田成男／二荒芳徳／中山再治郎／稲田昌植／平井生／青木軍二郎／慶應義塾体育会山岳部／木原 均／桜庭留三郎〕59
焼け残された聖像　69
旅行倶楽部　70
冬の温泉　72
◆会報
ビューロー理事会　78
ビューロー第九回総会　78
入航汽船へホテル空室通報開始　79
軽井沢温泉臨時案内所閉鎖　80
ビューロー臨時出張所　80
外客特殊斡旋　80
「ツーリスト」寄贈　81
ビューロー最近の印刷物　81
大正九年度八月及九月本部並各案内所来訪外客数　81
ビューロー内地嘱託案内所来訪外客数（大正九年七月及八月中）81
大正九年八月及九月中寄贈雑誌　82
◆広告
『一九二〇年版旅程と費用概算』／『朝鮮満洲支那案内』（ジャパン・ツーリスト・ビューロー）83
満支那浦塩《ウラジオ》方面行連絡各種乗車券発売並寝台船室予約取扱／『英文東亜交通案内』第 1 巻〜第 5 巻／『朝鮮満洲支那案内』／『英文日

本地図』／『英文東京地図』／『英文横浜地図』／『英文神戸地図』／『英文京都地図』／『英文北京地図』／『露文東京地図』（ジャパン・ツーリスト・ビューロー） 84

〈英文〉

The Japan Tourist Bureau（Board of Officers / Head Office / Branch Offices / Ticket & Inquiry Offices / Inquiry Offices /Agencies Abroad）

◆欧文広告

Bureau du Tourisme du Japon

Японское бюро для Туристовъ

Japan Tourist Bureau Railway Tickets

Japanese Goverment Railways

Nippon Yusen Kaisha

Toyo Kisen Kaisha

Nisshin Kisen Kaisha

Hotels Japan & Manchuria

South Manchuria Railway Co.

Taiwan Railways

Mikimoto

Moji Kammon Express Agency

Shozo Nakamura & Co.

Hayashiya Yoko（Dealer in Ancient Chinese Object of Arts）

The Hakubunkwan Printing Co., Ltd.

Leading New York Hotels

◆口絵写真

A Popular Ski-ing Resort near Myōkōzan / Myōkōzan in Its Wintry Garb / Kinkaku-ji at Kyoto.

Dwarfed Plants 1

Crimson Maples of Saga, Atago and Takao 〔Tomitaro Suzuki〕 5

Notes and News 15

Casual Glimpses from Ship, Train, Auto, and Rickisha〔H.H.Mason〕 16

Return Trip from Hokkaido, Part I 〔A. R. Paget〕 20
Some American Impressions of Japan 〔John H.Small / Ella Neal Sanders / Stephen G. Porter / Henry Z. Osborne / Louis B. Goodall/ Alexander Hume Ford〕 46
Maple, The "Flower of Autumn" 〔Yae-kichi Yabe〕 50
How an Old Man Got Rid of a Lump on His Face 〔E. Nagasawa〕 54
Cost of a Journey to the Orient 57
Specimens of Short Trips in Japan（XI）: A Trip to Kano-zan 61
〈詩〉My Dog 〔Samoyede〕 66
◆ A Japanese Miscellany
New Imperial Hotel 67
Heroes in Every-day Life 68
Tunnelling Hakone Mountains 68
A Record Year in Rice Harvest 68
A Proposed Hearn Memorial 68
Tokyo-a Capital of 2 Million Souls 68
Trout Fishing 69
Tourist Services at Karuizawa and Unzen Closed 70
The W. S. S. Convention and the Japan Tourist Bureau 71
Japan Diary 75
The Tourist's Tokyo Calendar 76

第９巻第１号　大正 10（1921）年１月発行（第 47 号）

ジャパン・ツーリスト・ビューロー本部支部案内所並代理店
ジャパン・ツーリスト・ビューロー（目的　組織と事業）
日本国際観光局
◆扉
〈写真〉社頭の暁（明治神宮）
総国民外交 〔生野団六〕 2
大正九年に於けるツーリスト関係事業 〔猪股忠次〕 6

鞄の塵（十七）〔旅狂生〕 17
欧米人の特質と其印象 〔添田寿一〕 19
満洲より 〔野村龍太郎〕 21
日本旅館改良管見 〔木下淑夫〕 24
旅先にて迷惑を蒙つた実例 〔武藤金吉／二荒芳徳／芦田伊人／伊東忠太／川田正澄／石大次郎／辻 太郎／丸山晩霞／志賀重昴／根本 正／永代静雄／桜井錠二／矢野恒太／坪谷善四郎／大類 伸／佐藤昌介／近藤賢二／松島卯三郎／原田熊雄／片山 寛／田子一民／野守 広／若月保治／沢柳政太郎／山川健次郎／別所梅之助／副島八十六／鹿子木員信／小池張造／田村 剛／樋口秀雄〕 28
新春雑感 〔秋元春朝〕 38
偶言漫語 〔龍居頼三〕 41
スキー日記 グスタート滞留記（二）〔白石柚彦〕 42
千年の古刹福王寺 〔前田三遊〕 42
女の街酒の街 〔木ノ江と竹原〕 47
霧島山 〔太田兼二郎〕 48
美しき安達太郎 〔鹿瀬一良〕 54
スキー旅行 白馬登山及び乙見山峠越え 〔小林達也〕 56
妙高スキー倶楽部より 67
スキー大会参加失敗記 〔河上寿雄〕 69
梅の名所と名木 71
◆旅行倶楽部
旅館「茶代」存廃論 76
倶楽部記事 80
欧州を遍歴して 〔中筋義一〕 81
ポスター展覧会 93
◆会報
日本ホテル協会総会 93
大阪ホテルの発展 93
外国ゆき旅客斡旋 93
世界日曜学校大会後援会散 94

日支連絡券上海経由発売　94
北京案内所日支連絡新券代売　94
外客特殊斡旋　94
ビューロー最近の印刷物　94
大正九年十月及十一月本部並各案内所来訪外客数　95
ビューロー内地嘱託案内所来訪客数（大正九年九月及十月中）　95
大正九年度十月及十一月中寄贈雑誌　96
◆広告
満支那浦塩《（ウラジオ）》方面行連絡各種乗車券発売並寝台船室予約取扱／『英文東亜交通案内』第 1 巻～第 5 巻／『朝鮮満洲支那案内』／『英文日本地図』／『英文東京地図』／『英文横浜地図』／『英文神戸地図』／『英文京都地図』／『英文北京地図』／『露文東京地図』／欧米各地行乗車船券発売（ジャパン・ツーリスト・ビューロー）　97
『一九二〇年版旅程と費用概算』／『朝鮮満洲支那案内』（ジャパン・ツーリスト・ビューロー）　98

〈英文〉
The Japan Tourist Bureau（Board of Officers / Head Office / Branch Offices / Ticket & Inquiry Offices / Inquiry Offices /Agencies Abroad）
◆欧文広告
Bureau du Tourisme du Japon
Японское бюро для Туристовъ
Japan Tourist Bureau Railway Tickets
Japan Goverment Railways
Nippon Yusen Kaisha
Toyo Kisen Kaisha
Nisshin Kisen Kaisha
Hotels Japan & Manchuria
South Manchuria Railway Co.
Taiwan Railways
Mikimoto

Moji Kammon Express Agency
Hayashiya Yoko（Dealer in Ancient Chinese Object of Arts）
Official Guide to Eastern Asia
The Hakubunkwan Printing Co., Ltd.
Leading New York Hotels
◆口絵写真
The Symbol of the Year / Dawn before the Shrine / New Year's Decoration in Japanese Home
Evergreen Decorations for New Year 〔Yae-kichi Yabe〕 1
The Meiji Shrine 6
Up-To-Date Travel Information in Japan 11
The Hakone District 〔Tomitaro Suzuki〕 13
How Japan Impressed W.S.S.C. Delegates 25
〈詩〉Sumida 〔P. H. Dodge〕 30
Return Trip from Hokkaido, Part II 〔A. R. Paget〕 31
The New Spirit in Japan and the Bahai Message 〔Agnes B. Alexander〕 44
Annual General Meeting of the Japan Hotel Association 46
A Fenellosa Monument 47
Azuchi Castle 〔F. Spenner〕 52
Random Thoughts on Chosen and Manchuria : First Impressions 〔H. Hirano〕 56
Among My Books 〔Eisaku Waseda〕 62
Plum Blossoms Resorts 67
Specimens of Short Trips in Japan（XII）: A Trip to Mitake and Yoshino Plum Blossom Garden 69
◆ A Japanese Miscellany
Imperial Poetry Contest 76
A Moument to an Austrian Ski Runner 76
A Valuable Kiri Tree 77
Dawn before the Shrine 〔C. F. Stephens〕 77

◆ Of Tourist Interest
Japan-China Through Tickets via Shanghai Issued　78
J.T.B. Peking Office Issues New Tickets　78
Missionary Reduction　78
Interchangeable Arrangements　78
No British Visa Required on Passports for Canada　78
Osaka Shosen Kaisha Raises Rates　78
Japan Diary　79
The Tourist Tokyo Calendar　80

第９巻第２号　大正10（1921）年３月発行（第48号）

ジャパン・ツーリスト・ビューロー本部支部案内所並代理店
ジャパン・ツーリスト・ビューロー（目的　組織と事業）
日本国際観光局
◆扉
〈写真〉「汽車の窓に見上ぐる岡の桜哉」（子規）
時事雑感　〔生野団六〕　2
鞄の塵（十八）〔旅狂生〕　10
宿屋とホテル　〔飯田旗郎〕　12
逝ける近藤男爵　22
中村次郎君の死　〔生野団六〕　24
赤倉山麓に於けるスキー　25
瑞西《スイス》に於ける見事なるスキー振　26
Song of the Ski　〔T.H. Annay〕　27
スキー日記　グスタート滞留記（三）〔白石杣彦〕　28
桜の名所　28
スキー旅行積雪の富士へ　〔笹川速雄〕　39
富士山の積雪量及び雪質調査　〔小林達也〕　52
ポスター展覧会のぞ記　〔バンスネ男〕　54
◆旅行倶楽部

ジュネーヴより 〔外山高一〕 56
コシウスコより　57
ダボスより　58
内地旅行に関する参考書　59
◆倶楽部記事
拙著「スキー」中の誤謬に就て 〔稲田昌植〕 62
東京スキー倶楽部より 〔東京スキー倶楽部〕 64
◆会報
東京殿下御外遊中御斡旋　66
ジヤパン・ソサイテーより　66
ポスター展覧会　67
印刷物発送　67
ポスター貸与　67
日本ホテル協会春期総会　67
男爵近藤廉平氏逝去　67
中村次郎氏逝去　68
「神戸」発行　69
本年一月中本邦渡来外人数　69
大正九年度十二月及一月中本部並各案内所来訪外客数　69
ビューロー内地嘱託案内所来訪外客数（大正九年十一月十二月中）70
大正九年十月及十一月中寄贈雑誌　70
◆広告
満支那浦塩《ウラジオ》方面行連絡各種乗車券発売並寝台船室予約取扱／『英文東亜交通案内』第1巻～第5巻／『朝鮮満洲支那案内』／『英文日本地図』／『英文東京地図』／『英文横浜地図』／『英文神戸地図』／『英文京都地図』／『英文北京地図』／『露文東京地図』／欧米各地行乗車船券発売（ジャパン・ツーリスト・ビューロー） 72

〈英文〉

The Japan Tourist Bureau（Board of Officers / Head Office / Branch

Offices / Ticket & Inquiry Offices / Inquiry Offices /Agencies Abroad）
◆欧文広告
Bureau du Tourisme du Japon
Японское бюро для Туристовъ
Japan Tourist Bureau Railway Tickets
The Japanese Goverment Railways
Nippon Yusen Kaisha
Toyo Kisen Kaisha
Nisshin Kisen Kaisha
Japan Hotel Association
Hayashiya Yoko（Dealer in Ancient Chinese Object of Arts）
South Manchuria Railway Co.
The Formosan Goverment Railways
Mikimoto
Moji Kammon Express Agency
The Hakubunkwan Printing Co., Ltd.
Leading New York Hotels
J.T.B. Publications
Official Guide to Eastern Asia
◆口絵写真
Cherry Flowers at Sankei-en Garden near Yokohama / View of Arashiyama near Kyoto / "Ōharame Peddlers"
Cherry Flower 〔Yae-kichi Yabe〕 1
The Death of Mr. Jiro Nakamura 6
Baron R. Kondo Passes Away 6
The Okura Fine Art Museum 〔Charles A. Parry〕 7
Alleged Japanese Rudeness to Tourists 16
A Trip to Izu 〔Eisaku Waseda〕 18
Ono-No-Komachi 〔Charlotte Reppert Lehnhausen〕 32
Poster Exhibition 34
A Poetess and a Lover of Japan 35

Poetic Kyoto in Spring 〔Tomitaro Suzuki〕 39
Izumo Taisha, Matsue, and Misasa Hot Spring Off the Beaten Track 47
The Late Mr.Henry P. Bowie : An Ardent Admirer of Japan 〔Haruchiyo Uji〕 57
Random Thoughts on Chosen and Manchuria : First Impressions Part II 〔H. Hirano〕 60
Favourite Resorts for Cherry Blossoms 65
North Coast of Shikoku Island 〔J.T.B.〕 68
International Song 79
◆ Of Tourist Interest
Book to Be Issued on Mineral Springs 80
Fiftieth Anniversary of the Opening of Kobe Harbour 80
Passports Visa for Passengers Desiring to Visit Egypt 80
A Rapid Express Service from Japan to Shanghai 80
Resumption of Re-booking Reduction on the Australian Line 81
French Consular Visa 81
Japan Diary 82
The Tourist Tokyo Calendar 84

第９巻第３号 大正 10（1921）年５月発行（第 49 号）

ジャパン・ツーリスト・ビューロー本部支部案内所並代理店
ジャパン・ツーリスト・ビューロー（目的 組織と事業）
日本国際観光局
◆扉
〈写真〉日本アルプス
時事雑感 〔生野団六〕 2
鞄の塵（十九）〔旅狂生〕 8
旅から帰ての感 〔青山閑人〕 10
鉄道当局へ御相談 〔山賀哲人〕 12

〈短歌〉独逸《ドイツ》人プントに送る歌　〔若月紫蘭〕　16
中村次郎君を憶ふ　〔木下淑夫〕　17
茶代制度廃止に関する私見　〔木暮武太夫〕　18
〈写真と文〉日本アルプス鹿島槍岳　24
御花畑に就きて　〔河野齢蔵〕　25
日本アルプス登山設備の現況　〔牧 伊三郎〕　27
信飛越連峰縦走者の為に　〔矢沢米三郎〕　35
若狭の海岸　〔熊田幸治郎〕　40
富士山麓めぐり（一）〔鹿瀬一良〕　48
躑躅の名所　48
信濃大町より　〔百瀬慎太郎〕　55
支那旅行者の為に（北京より上海まで）〔佐藤汎愛〕　56
◆旅行倶楽部
「茶代」廃止の提案　60
旅館改善に関する協議会　61
海外旅行に関する参考書　62
第二回清遊会　63
会員消息　64
◆会報
ホテル協会より感謝状　65
渡米議員団一行に対する斡旋　65
横浜輸出協会支那視察団斡旋　66
武威氏百日霊祭　66
大洋丸就航　66
ビューロー最近の印刷物　66
クック社世界一週旅行　67
大正十年二月及三月中本部並各案内所来訪外客数　68
ビューロー内地嘱託案内所来訪外客数（大正十年一月及二月）69
大正十年三月中寄贈雑誌　70

〈英文〉

The Japan Tourist Bureau (Board of Officers / Head Office / Branch Offices / Ticket & Inquiry Offices / Inquiry Offices /Agencies Abroad)

◆欧文広告

Bureau du Tourisme du Japon

Японское бюро для Туристовъ

Japan Tourist Bureau

The Japanese Goverment Railways

Nippon Yusen Kaisha

Toyo Kisen Kaisha

Nisshin Kisen Kaisha

South Manchuria Railway Co.

The Formosan Goverment Railways

The Yasuda Bank, Ltd.

Mikimoto

Japan Hotel Association

The Hakubunkwan Printing Co., Ltd.

Mitubishi Goshi Kaisha

Leading New York Hotels

Official Guide to Eastern Asia

◆口絵写真

Haruna Shrine, Mt. Haruna / Nunobiki Fall, near Kobe

The Boy's Festival 〔Charlotte Reppert Lehnhausen〕 1

The Book Shelf 4

Alleged Mistreatment of Americans in Japan 5

Tea for Two in Japan 7

Notes and News 10

〈詩〉Dawn Before the Shrine / L'Envoi 〔Blue Dragon-fly〕 11

The "Uguisu", the Prince of Cage Birds 14

Volcanoes and Volcanic Lakes in Japan 〔Yae-kichi Yabe〕 24

The Progress of Kobe 〔Tetsutaro Sakurai〕 29

Kobe and Its Environment 〔Tomitaro Suzuki〕 31
Kyoto：the Art-workshop of Japan 〔Charles A. Parry〕 41
〈 詩 〉Two Poems of Japan：Ginza 〔E.A.U. Valentine〕/A Lonely Prayer 〔"Rufu" Miki〕 50
A Trip to Izu, Part II 〔Eisaku Waseda〕 51
Excursion to Mt. Kasagi from Nara 62
The Spirit of the Late Henry Bowie Enshrined 68
Favourite Summer Resorts, Part I：Hot Springs Resorts 73
Nara and Miyajima 〔A Young Traveller〕 79
◆ Of Tourist Interest
　Issuing of Table d'hôte Tickets on Train 86
　American Express Co. Has Begun to Issue Japanese Railway Tickets. 86
　Through Tickets from the Orient to Europe via the U.S.A. or Canada. 86
Japan Diary 87
The Tourist Tokyo Calendar 88

第９巻第４号　大正10（1921）年７月発行（第50号）

ジャパン・ツーリスト・ビューロー本部支部案内所並代理店
ジャパン・ツーリスト・ビューロー（目的　組織と事業）
日本国際観光局
◆扉
　〈写真〉かみなり雲（興津の海岸）
時事雑感 〔生野団六〕 2
涼榻茶話 11
鞄の塵（二十）〔旅狂生〕 12
〈短歌〉美濃虎渓 〔石井直三郎〕 14
風景の観方 〔田村 剛〕 15
日本庭園と水 〔龍居松之助〕 21

〈写真と文〉涼味　25
〈俳句〉俳諧日本十二景〔坪谷水哉 選：芭蕉／丈艸／鳥酔／支考／三千風／蓼太／蕪村／其角／宗因／許六／素堂／野坡〕　26
夏の自然美の観照と恩寵　〔石樽千亦／冠松次郎／丸山晩霞／龍居松之助／岡野栄／添田寿一／佐藤伝蔵／武田五一／梅沢親光／武藤金吉／若月紫蘭／遠藤松雨／石大次郎／鹿子木員信／田中次郎／志立鉄次郎／杉村広太郎／野沢枕城／田村全宣／別所梅之助／副島八十六／岡野義三郎〕　28
〈写真と文〉涼味　35
富士山麓めぐり（二）〔鹿瀬一良〕　36
旅ごころ　〔りよくよう生〕　36
避暑地に於ける新設備と滞在費　47
◆旅行倶楽部
旅館業各位へ御相談　60
◆会報
ビューロー理事会及第十回総会　61
米紙へ寄書　61
夏期臨時案内所　62
ビューロー会計検査　62
ビューロー発行の印刷物　62
会員代表者及会員名の変更　62
日本郵船の新船千歳丸　62
東洋汽船の新船楽洋丸　63
大正十年四月及五月中本部並に各案内所来訪外客数　63
ビューロー内地嘱託案内所来訪外客数（大正十年四月及五月）　63

〈英文〉
The Japan Tourist Bureau（Board of Officers / Head Office / Branch Offices / Ticket & Inquiry Offices / Inquiry Offices /Agencies Abroad）
◆欧文広告
Japan Tourist Bureau Summer Extension

Bureau du Tourisme du Japon

Японское бюро для Туристовъ

Japan Tourist Bureau Railway Tickets

Nippon Yusen Kaisha

Toyo Kisen Kaisha

Nisshin Kisen Kaisha

South Manchuria Railway Co.

The Formosan Goverment Railways

The Yasuda Bank, Ltd.

Mikimoto

Japan Hotel Association

The Hakubunkwan Printing Co., Ltd.

Mitubishi Goshi Kaisha

Leading New York Hotels

The Imperial Japanese Goverment Monopoly Bureau

The Japanese Government Railways & Light Railway Connection

Official Guide to Eastern Asia

◆口絵写真

Waves of the Cloud Sea as Seen from the Summit of the Japanese Alps / Seashore near Suma-No-Ura /Snow Valleys on Mt. Shirouma

Fuji-No-Yama　1

Fujiyama　〔John T. Bryan〕 6

The Horyuji Celebrations　〔Tomitaro Suzuki〕 7

The Complete Rest-cure Sail from Yokohama to Nagasaki　〔Hugh Byas〕 15

Annual General Meeting of the J.T.B.　17

From Tokyo to Kyoto by Automobile　〔Frank H. Hedges〕 18

Verses of Japan　〔E. A. Valentine〕 26

Japan Weather　27

A Trip to Shansi, China　〔A J.T.B. Man, Peking〕 38

Ikao : The Summer Capital of Japan 〔R. Irwin〕 48
Favourite Summer Resorts Part 2 : Mountain Climbing 56
〈詩〉Two Poems : The Inn by the Sea / A Rann I Wrought 〔E. E. Speight〕 68
Specimens of Short Trips in Japan（XIII）: One Day Excursion Omura from Nagasaki 69
Two Important Conventions in Hawaii 76
◆ Of Tourist Interest
A New Summer Resort 77
Baggage Delivery at Summer Resorts 77
Summer Trip to Saghalien-N.Y.K. "Chitose Maru" 77
Special Return Tickets for Summer Vacation Trips in Japan 78
T.K.K. New Steamer "Rakuyo Maru" 78
Inquiry Offices at Summer Resorts 78
Japan Diary 79
The Tourist Tokyo Calendar 80

第９巻第５号　大正 10（1921）年９月発行（第 51 号）

ジャパン・ツーリスト・ビューロー本部支部案内所並代理店
ジャパン・ツーリスト・ビューロー（目的　組織と事業）
日本国際観光局
◆扉
〈写真〉万里の長城
時事雑感 〔生野団六〕 2
鞄の塵（二十一）〔旅狂生〕 12
ツーリストビジネスの繁栄を計らんには物価引下げが最大急務 〔木下淑夫〕 14
旅行に関する考索 〔鶴見祐輔〕 17
我国最初の鉄道技術者建築師長モレル氏の功績 〔遠藤松雨〕 21
避暑地莫干山事情 〔清野長太郎〕 26

海外に於ける旅行費用調（一）　34
この夏の旅　38
〈写真と文〉朝鮮の秋　40
〈写真と文〉満洲の秋　41
〈写真と文〉青島の秋　42
筑波まうで〔若月紫蘭〕 43
金剛山の秋　43
鮮満ある記〔稲田九郎〕 48
保津川を下りて〔杉野生〕 50
紅葉ここ彼処　54
◆旅行倶楽部
「茶代廃止」提案に就て　63
会員消息　65
◆会報
平川京一郎君を悼む　66
ビューロー理事会　67
ビューロー第十回総会　67
露国観光団来朝　68
トロント大学より教科書編纂材料蒐集方依頼　69
鉄道省五十年祝典　69
哈爾賓《(ハルピン)》案内所移転　69
石田主任帰朝　69
軽井沢臨時案内所　69
温泉臨時案内所　70
ビューロー最近の印刷物　70
ビューロー会則改正　71
新入会々員　71
本部直属案内所来訪外客数　71
ビューロー内地嘱託案内所来訪外客数―大正八年五月及六月中―　71

〈英文〉

The Japan Tourist Bureau（Board of Officers / Head Office / Branch Offices / Ticket & Inquiry Offices / Inquiry Offices /Agencies Abroad）

◆欧文広告

Bureau du Tourisme du Japon

Японское бюро для Туристовъ

Japan Tourist Bureau Railway Tickets

The Japanese Government Railways & Light Railway Connection

Nippon Yusen Kaisha

Toyo Kisen Kaisha

Nisshin Kisen Kaisha

South Manchuria Railway Co.

The Formosan Goverment Railways

The Yasuda Bank, Ltd.

Mikimoto

Japan Hotel Association

The Hakubunkwan Printing Co., Ltd.

Leading New York Hotels

Mitubishi Goshi Kaisha

The Imperial Japanese Goverment Monopoly Bureau

◆口絵写真

Rakwanji Temple, Yabakei / Arashiyama, Kyoto / The Approach to the Kinkwazan Shrine

Comfort and Pleasure of Japan Travel Assured　1

〈詩〉In the Urami Valley, Nikko　〔E. E. Speight〕　4

Moon Viewing　〔Yae-kichi Yabe〕　5

Across the Country of Totsugawa　〔Tomitaro Suzuki〕　9

Return of Mr. Z. Ishida from Abroad　24

The Bamboo　25

A Tour of the Boso Peninsula　〔A. R. Paget〕　30

The Imperial Museum in Ueno Park　〔Charles A. Parry〕　39

Higan No Chu Nichi : The Twenty-First Day of March 〔Agnes B. Alexander〕 46
A Trip to Shansi, China 〔A J. T. B. Man, Peking〕 48
Fifty Years of Japan's Railway Service 58
◆ Of Tourist Interest
Removal of J.T.B. Harbin Inquiry Office 64
New N.Y.K. Liners Building for the European Line 64
Special Facility Offered by the N.Y.K. in the Transportation of "Not Wanted" Baggage 64
Latest Publications of the J.T.B. 64
Japan Diary 65
The Tourist's Tokyo Calendar 66

第9巻第6号　大正10（1921）年11月発行（第52号）

ジャパン・ツーリスト・ビューロー本部支部案内所並代理店
ジャパン・ツーリスト・ビューロー（目的　組織と事業）
日本国際観光局
◆扉
〈写真〉楽しき冬の訪れ
時事雑感 〔生野団六〕 2
鞄の塵（二十二）〔旅狂生〕 9
東宮御外遊に供奉して 〔二荒芳徳〕 11
欧州印象記 〔種田虎雄〕 18
雲崗石仏寺へ 〔飯尾 禎〕 22
原総理大臣を悼む 33
スキー体操三十種（其一）〔稲田昌植〕 34
海外に於ける旅行費用調（二） 42
五色温泉の冬 49
五色温泉を中心としてのスキー登山（一）〔慶應義塾山岳部〕 50
冬の温泉 50

札幌のスキー界より 〔加納一郎〕 65
鉄道五十年祝典 71
◆旅行倶楽部
　茶代廃止問題 73
　総会と評議員会 75
◆会報
　鉄道五十年記念祝典 76
　駐日瑞西公使より 76
　米人特志家に応援 77
　米人視察団に特殊斡旋 77
　平和記念東京博覧会上棟式 77
　日本ホテル協会秋期総会 77
　警視庁ガイド試験 78
　ビューロー最近の印刷物 78
　本部直属案内所来訪客数 大正十年八月及九月中 78
　ビューロー内地嘱託案内所来訪外客数 大正十年七月及八月中 78
　大正十年十月中寄贈雑誌 79
◆広告
　欧米鮮満支那浦塩《ウラジオ》方面行連絡各種乗車券発売並寝台船室予約取扱／『東京より倫敦へ』／和英両文雑誌『ツーリスト』／『旅程と費用概算』／『英文日本地図』／『英文東京地図』／『英文横浜地図』／『英文神戸地図』／『英文京都地図』／『英文北京地図』／『露文東京地図』／鉄道省編纂『英文東亜交通案内』／和文『朝鮮満洲詩支那案内』（ジャパン・ツーリスト・ビューロー） 80

〈英文〉
The Japan Tourist Bureau (Board of Officers / Head Office / Branch Offices / Ticket & Inquiry Offices / Inquiry Offices /Agencies Abroad)
◆欧文広告
　Bureau du Tourisme du Japon
　Японское бюро для Туристовъ

Japan Tourist Bureau Railway Tickets
The Japanese Government Railways
Nippon Yusen Kaisha
Toyo Kisen Kaisha
Nisshin Kisen Kaisha
South Manchuria Railway Co.
The Formosan Goverment Railways
The Yasuda Bank, Ltd.
Mikimoto
Japan Hotel Association
The Hakubunkwan Printing Co., Ltd.
Chicago, Milwaukee & St. Paul Railway
Mitubishi Goshi Kaisha
The Imperial Japanese Goverment Monopoly Bureau
Mitsukoshi
Tokyo City Auto Co., INC.
Official Guide to Eastern Asia

◆口絵写真

View of the Kiyomidsu Temple, Kyoto / Under the Crimson Maple Leaves / Chasen-Tsuka

November and December Attractions　〔Yae-kichi Yabe〕　1
Summer Offices at Karuizawa and Unzen Closed　7
Bonkei, or Miniature Landscapes　8
Maple Leaves at Kiyomizu-Dera　〔Tomitaro Suzuki〕　15
A Memorial Service for "Cha-Sen"（Tea -Whisk）：An Article Used in "Cha-No-Yu" (Graceful Mode of Enjyoing Tea)　〔K. Kumada〕　26
An Autumn Cry　30
A Visit to Goshiki Hot Spring and Vicinity　〔A. R. Paget〕　31
Tourist Impressions of Japanese Hotels　〔Poultney Biglow〕　44
General Meeting of the Japan Hotel Association　45
Koyasan　〔Charles A. Parry〕　46

Japan's Railway Jubilee 〔A. R. Paget〕 52
Royal Counsel 66
The Printing Exhibition 67
◆ Of Tourist Interest
The Tokyo Peace Exhibition 69
The New Imperial 69
Reduction of Hotel Rates 69
Yokohama's New Attractive Hotel 70
New Reduced Scale of Charges for Cabin Accommodation on the N.Y.K. Seattle Line 70
Passport Visa for Canada 71
A Visit of American Businessmen to Japan 71
Premier Hara Killed by an Assassin 72
Japan Diary 73
The Tourist's Tokyo Calendar 74

第10巻第1号 大正11（1922）年1月発行（第53号）

ジャパン・ツーリスト・ビューロー本部支部案内所並代理店
ジャパン・ツーリスト・ビューロー（目的 組織と事業）
日本国際観光局
◆扉
〈写真〉陽に映ゆる波
新文明の建設 〔生野団六〕 2
大正十年ツーリスト事業と所懐 〔猪股忠次〕 6
外客誘引の根本策 〔伊東米治郎〕 18
〈短歌〉旅の歌より 〔尾上柴舟〕 24
〈短歌〉大日輪 〔若月紫蘭〕 25
東京鉄道局長に呈するの書 〔遠藤松雨〕 26
鞄の塵（二十三）〔旅狂生〕 28
〈写真〉国立公園の候補地 30

余をして国立公園を選ばしむれば　〔本田静六／石井直三郎／田村剛／西野恵之助／二荒芳徳／坪谷善四郎／小松輝久／二條厚基／秋元春朝／大江武男／高木信威／別所梅之助／古市強哉／高野鷹蔵／志立鉄次郎／松島卯三郎／小野英二郎／鹿子木員信／遅塚麗水／杉村広太郎／村上恭一／上山満之進／石大次郎／飯山敏雄／田中阿歌麿／森恪／増田義一／星野準一郎／巌谷小波／副島八十六／田誠／一森彦楠〕　32
日本旅行の印象　〔ミス・エム・ガートルード・ウォラル〕　38
スキー体操三十種（その二）〔稲田昌植〕　40
五色温泉を中心としてのスキー登山（二）〔慶應義塾山岳部〕　48
耶馬渓にも優る長門峡探勝　48
金峯山　55
飯山より田口へ　〔剣持確麿〕　63
クック社主催世界一周旅行　66
余をして国立公園を選ばしむれば　〔吉田初三郎〕　70
◆旅行倶楽部
　国立公園に就て　71
　会員より　〔大類 伸〕　73
　茶代廃止愈々実施　73
　冬から冬まで　〔東京スキー倶楽部〕　74
◆会報
　欧米航路乗船券発行の拡張　75
　世界一周団募集　75
　米国から快走船　75
　ホテル・パンシヨン　76
　平和博装ひなる　76
　日本郵船の新船箱根丸　76
　ビューロー最近発行の印刷物　76
　本部直属案内所来訪外客数　大正十年十月及十一月中　77
　本年十月及十一月中嘱託案内所来訪外客数　77
　大正十年十二月中寄贈雑誌　78

〈英文〉

The Japan Tourist Bureau（Board of Officers / Head Office / Branch Offices / Ticket & Inquiry Offices / Inquiry Offices /Agencies Abroad）

◆欧文広告

Japan Tourist Bureau Railway Tickets

Японское бюро для Туристовъ

Bureau du Tourisme du Japon

The Japanese Government Railways

Northern Pacific Railway

Nippon Yusen Kaisha

Toyo Kisen Kaisha

Nisshin Kisen Kaisha

South Manchuria Railway Co.

The Formosan Goverment Railways

The Yasuda Bank, Ltd.

Mikimoto

Japan Hotel Association

The Hakubunkwan Printing Co., Ltd.

Chicago, Milwaukee & St. Paul Railways

Mitubishi Goshi Kaisha

The Imperial Japanese Goverment Monopoly Bureau

Mitsukoshi

Official Guide to Eastern Asia

The Shochiku Kinema Company, Limited

Tokyo Peace Exhibition

◆口絵写真

Ski-ing in Echigo Province / Ski-ing near Seki Hot Springs / 〈絵〉"The Sun Brightening the Wave"

The Call of Japan　1

Overseas Booking Arrangements Now Completed 〔The Japan Tourist Bureau〕　4

Wrestling, the National Game of Japan 〔Eisaku Waseda〕 6
〈詩〉"Tago-No-Ura..." / "I Started off along the Shore." 〔Yamabe No Akahito〕 15
The Plum-blossom and Its Resorts 〔Yae-kichi Yabe〕 16
〈詩〉Dead Stymies 〔Child of the Mist〕 26
Pleasant Hours in Japan 〔Lord Northcliffe〕 27
Japan's Political and Economic Changes during the Past Ten Years 〔Tomitaro Suzuki〕 35
Beaten Tracks : To China and Back by Sea and Some Things Seen 〔Hugh Byas〕 45
Hot Spring Pilgrimage in O-u and Riku-u Districts 〔J. T. B.〕 54
The Tokyo Peace Exhibition 66
〈詩〉Spring Rain 68
Favourite Ski-ing Resorts in Japan 69
〈詩〉Love 72
◆Of Tourist Interest
Japanese Inns Hope to Receive Foreign Guests 73
New Express Services on Railways Will Begin in March 73
The Ichimuraza Theatre Is Ready to Welcome Foreign Play-goers 73
The N.Y.K. Bombay Service Improved. 74
Special Facility of Connection Offered by the N.Y.K. for Passengers from Australia to Shanghai 74
Japan Diary 75
The Tourist Tokyo Calendar 76

第10巻第2号　大正11（1922）年3月発行（第54号）

ジャパン・ツーリスト・ビューロー本部支部案内所並代理店
ジャパン・ツーリスト・ビューロー（目的　組織と事業）
◆広告

『旅程と費用概算』／『改版　東京より紐育へ』／『東京より倫敦へ』
巻頭語 〔生野団六〕
英国皇儲殿下（口絵：デッサン画・紹介文及び写真）〔グレブ・イリーン謹写〕 1
英国皇儲殿下 7
〈写真〉桜咲く国へ（桑港《(サンフランシスコ)》代理店） 12
ツーリスト・ビューローの過去及将来 〔木下淑夫〕 13
創業満十年（附：過去十年間に於ける重要暦） 18
侯爵大隈重信翁を憶ふ 30
米国より帰りて 〔渋沢栄一〕 31
鞄の塵（二十四）〔旅狂生〕 33
東京駅前大ホテル 〔阪谷芳郎〕 35
国立公園と国民的友情 〔伊東米治郎〕 36
自動車道路を敷設せよ 〔中島滋太郎〕 37
世界的芸術の為めに 〔山本久三郎〕 38
ホスピタリチーの養成 〔田中次郎〕 39
一種の美術館に就て 〔龍居頼三〕 40
外客に対する施設 〔新元鹿之助〕 41
他山の石 〔種田虎雄〕 42
婦人とスキー 〔稲田昌植〕 43
断行 〔浅野良三〕 44
奇縁 〔猪股雪帆〕 44
〈短歌〉雨の夕深大寺にて 〔尾上柴舟〕 45
上高地 〔田村 剛〕 46
北海道の大観 〔巌谷小波〕 47
潮来出島 〔杉村楚人冠〕 48
〈短歌〉アイヌの歌 〔若月紫蘭〕 49
京都東山一帯 〔龍居松之助〕 50
尾道附近の山水美 〔前田三遊〕 51
発風山と閼伽流山 〔丸山晩霞〕 52
内房州一帯 〔むらかみ・きやういち〕 53

〈写真と文〉バラトンより　〔外山高一〕 54
◆旅行倶楽部
平和博覧会と東京見物　56
日本旅行倶楽部記事　59
（山崎博士が嘗て北京の某旅館に…）　60
東京茶代廃止旅館一覧　61
◆会報
日本協会より　63
世界一周団出発　64
日本ホテル協会春期総会　64
温泉《うんぜん》ホテル組合新設　64
運動体育展覧会　64
ジヨツフル元帥一行に印刷物贈呈　64
ビューロー発行最近の印刷物　64
会員代表者変更　65
ビューロー内地嘱託案内所来訪外客数―大正十年十二月及大正十一年一月中―　65
大正十年十二月及大正十一年一月本部並各案内所来訪外客数　65

〈英文〉

The Japan Tourist Bureau (Board of Officers / Head Office / Branch Offices / Ticket & Inquiry Offices / Inquiry Offices /Agencies Abroad)
◆欧文広告
Tokyo Peace Exhibition
The Shochiku Kinema Company, Limited
Japan Tourist Bureau Railway Tickets
Японское бюро для Туристовъ
Bureau du Tourisme du Japon
The Japanese Government Railways
Northern Pacific Railway
Nippon Yusen Kaisha

Toyo Kisen Kaisha
Nisshin Kisen Kaisha
South Manchuria Railway Co.
The Formosan Goverment Railways
The Yasuda Bank, Ltd.
Mikimoto
Japan Hotel Association
The Hakubunkwan Printing Co., Ltd.
Chicago, Milwaukee & St. Paul Railway
Mitubishi Goshi Kaisha
The Imperial Japanese Goverment Monopoly Bureau
Mitsukoshi
Official Guide to Eastern Asia
◆扉
A Word of Welcome to the Prince of Wales　2
〈写真と文〉Heartiest Greetings to H. R. H. the Prince of Wales　4
The Prince Imperial as a Sportsman 〔Count Y. Futara〕 17
〈詩〉The Short Poems or "Tanka" 〔Kamo Mabuchi〕 19
〈詩〉The Imayo Song the Four Seasons of the Year 〔Abbot Jichin〕19
The Prince of Wales and the Japanese Play　20
〈写真〉The Tokyo Peace Exhibition　23
The Tokyo Peace Exhibition　29
Ten Years of the Japan Tourist Bureau　37
The Cherry-Blossoms 〔Yae-kichi Yabe〕 43
〈仏語記事〉Le Maréchal Joffre, L'hôte du Japon　49
The Grand Old Man of Japan　52
〈詩〉The "Kyoka" or Comic Poem : Death-song / The Hauta : Morning Glory 〔Shoku Sanjin as His Jisei〕 57
A "Walking" Trip to the Hot Springs of Izu : Railway Officials Switch from Main Lines 〔Frederic de Garis〕 58

Specimens of Short Trips in Japan（XIV）: A Circular Trip to Awaji-Shima　77
〈詩〉"Between Awaji"〔Minamoto No Kanemasa〕 81
Ō-Gama　82
◆ Of Tourist Interest
Relative to Railway Tickets for Foreign Tourists and Foreign Residents　83
Unzen Hotel Guild Organized　83
The Exhibition for Physical Training and Exercises　83
Facility can Be Obtained for Importation of Firearms into the Dutch East Indies　84
The N.Y.K. European Line Fleet Reorganized　84
The N.Y.K. American Line Fares Considerably Reduced.　84
Japan Diary　85
The Tourist's Tokyo Calendar　86

第 10 巻第 3 号　大正 11（1922）年 5 月発行（第 55 号）

ジャパン・ツーリスト・ビューロー本部支部案内所並代理店
ジャパン・ツーリスト・ビューロー（目的　組織と事業）
日本国際観光局案内
◆扉
〈写真〉ナイルの夕
時事雑感〔生野団六〕 2
英国皇儲殿下の親しきお言葉　6
鞄の塵（二十五）〔旅狂生〕 7
米国列車給仕物語〔エドワード・ハンガーフォード〕 9
没人情〔りよくよう生〕 27
〈写真と文〉八丈ヶ島　28
八丈島の一夜〔海野力太郎〕 29
〈写真と文〉武州吉野行〔田中貞氏（撮影）〕 32

武州吉野 〔TY 生〕 34
卓上茶話 36
〈写真と文〉国際スキー大会 38
海外に於けるスキー大会 〔東京スキー倶楽部〕 40
日本人は「チツプ」を遣り過ぎる 〔一新帰朝者〕 41
杜鵑花と新緑の九州温泉 44
五色温泉を中心としてのスキー登山（三）〔慶應義塾山岳部〕 47
琴平より小豆島へ 〔鹿瀬一良〕 54
◆旅行倶楽部
英国皇儲殿下へ記念品献上 60
春の清遊会 61
羅馬より 〔大類 伸〕 61
〈詩〉Poems Dedicated to His Royal Highness the Prince of Wales 〔Hachiro Onoe〕 63
似顔絵 64
クック社主催世界一周旅行 66
◆会報
英皇儲殿下に案内記及「ツーリスト」献上 67
英国文明展覧会へ出品 67
臨時理事会 67
ミリアシリー氏に花輪 67
宮内省より案内記編纂依頼 67
日英交響音楽会に印刷物贈呈 68
露国学生団に対する斡旋 68
ビューロー近刊 68
英皇儲殿下に奉迎無電 68
世界一周団より 68
会員代表者変更 68
大正十一年二月及三月中本部並客案内所来訪外客数 68
ビューロー内年嘱託案内所来訪外客数―大正十一年二月及三月中― 69

大正十一年三月中寄贈雑誌　70

◆広告

斎藤緑雨『縮刷　緑雨全集』（博文館）　71

欧米行各汽車切符の発売開始／『東京より紐育へ』／『東京より倫敦へ』／『旅程と費用概算』（ジャパン・ツーリスト・ビューロー）　72

〈英文〉

The Japan Tourist Bureau（Board of Officers / Head Office / Branch Offices / Ticket & Inquiry Offices / Inquiry Offices /Agencies Abroad）

◆欧文広告

Japan Tourist Bureau Railway Tickets

Northern Pacific Railway

Chicago, Milwaukee & St. Paul Railways

The Japanese Government Railways

The Formosan Goverment Railways

South Manchuria Railway Co.

Nisshin Kisen Kaisha

Nippon Yusen Kaisha

Toyo Kisen Kaisha

Mitsukoshi

The Shochiku Kinema Company, Limited

Mitubishi Goshi Kaisha

The Imperial Japanese Goverment Monopoly Bureau

The Yasuda Bank, Ltd.

The Hakubunkwan Printing Co., Ltd.

Mikimoto

Japan Hotel Association

Японское бюро для Туристовъ

Bureau du Tourisme du Japon

Home and Birthland　〔Yae-kichi Yabe〕　1

The Prince of Wales and the J.T.B.　9
An Official Guidebook for the Prince of Wales　10
A Japanese World-Tour Party　10
The Prince of Wales's Japan Tour : His Highness's Movements Chronicled Day by Day　11
The Tokyo Peace Exhibition : Special Features of the Exhibits　18
Overland Through Kishiu : The Baths of Yunomine〔B. Abraham〕24
In the Land of Snow〔Eisaku Waseda〕35
The Garden of Fulfilled Desire〔Jan Havlasa〕49
◆ Notes and News
　The British Culture Exhibition　61
　The Late Mr. Miliaressy　61
Winter Glimpses of Hokkaido〔Tomitaro Suzuki〕62
Specimens of Short Trips in Japan（XV）: A Circular Trip to the Outer Coast of Boshu　74
〈詩〉The Hokku　81
The Tourist's Tokyo Calendar　82

第10巻第4号　大正11（1922）年7月発行（第56号）

ジャパン・ツーリスト・ビューロー本部支部案内所並代理店
ジャパン・ツーリスト・ビューロー（目的　組織と事業）
日本国際観光局
◆扉
　〈写真〉涼味（布哇《ハワイ》風俗）
時事雑感〔生野団六〕2
外交家としての東伏見宮殿下　8
外人に対する態度に就て　9
鞄の塵（二十六）〔旅狂生〕11
黒部峡谷〔田村 剛〕13

赤石嶽へ登りて〔矢沢米三郎〕 26
山から山へ　31
日本アルプス旅程〔慶応義塾山岳部編〕 32
日本アルプス各登山口及山上の物価表〔信濃山岳会調〕 39
〈写真と文〉上高地　45
〈写真と文〉雲と植物と水・海　46
山岳撮影に就て〔山田應水〕 48
避暑地近況と滞在費　50
わがレストラントの開祖北村椿庵　59
◆新らしき案内
　便利な箱根廻遊切符〔小田原電気鉄道〕 61
　瀬戸内海と「むらさき丸」〔大阪商船〕 62
　新らしく出来た孟買航路〔日本郵船〕 62
　夏の旅は海へ〔東洋汽船〕 63
　熱海の新ホテル〔日本観光株式会社〕 65
　この夏の堺大浜〔南海鉄道〕 67
　夏の旅は青島と曲阜泰山〔青島支部〕 67
◆会報
　ビューロー第十一回総会　69
　十周年記念晩餐会　69
　理事会　69
　名誉会員　69
　新会員　69
　露国観光団に対する斡旋　69
　デンビー卿一行に対する斡旋　70
　夏期臨時案内所　70
　世界一周団帰朝　70
　帝国ホテル新館開業　70
　大森ホテル開業　70
　最近発行の印刷物　70
　大連支部事務担当変更　70

〈英文〉

/ The Toryukyo Bridge near Mitsumine Shrine, Chichibu
The Bon Festival for the Dead 〔Yae-kichi Yabe〕 1
Kawabiraki：The Fireworks Festival 8
The Foreign Pioneer Climber of Mt. Fuji 11
The J.T.B. Completes Its Tenth Year of Existence 14
Chikamatsu, The Shakespeare of Japan 〔B. Abraham〕 15
The Prince of Wales's Japan Tour: His Highness's Movements Chronicled Day by Day, Part II 23
〈詩〉"Glorious Is Fuji's Summit," 〔The Emperor Meiji's〕 29
Hot Spring Resorts near Principal Cities of Japan 〔Frederic de Garis〕 30
Brief Account of a Trip in the Japanese Alps 〔Capt. J. B. Broadbent〕 39
Touring Japan by Motor-cycle 〔Lieut. G. R. Volkert〕 44
From Last Vacation Trip 〔Tomitaro Suzuki〕 55
The Late Prince Higashi-Fushimi 65
One of the Most Famous European "Spas" 67
◆ Of Tourist Interest
The"Keifuku Maru," A New Connecting Steamer between Shimonoseki and Fusan 71
The Omori Hotel Opened 71
Latest Information About Mt. Kongo 71
The Steamer "Sakura Maru" will Play Across the Tokyo Bay Between the Capital and Tateyama : Another Between Tateyama and Oshima Island 71
"Empress of Canada," New and Largest C.P.S. Ship Sails or America 72
N.Y.K. Allocates "Yoshino Maru" to the Australian Line 73
N.Y.K. Lowers Rates for Summer Travel 73
N.Y.K. Inaugurates Regular Service between Japan and Bombay 74

The Opening of the Fuji Climbing Season 74
Japan Diary 75
The Tourist's Tokyo Calendar 76

第10巻第5号 大正11（1922）年9月発行（第57号）

ジャパン・ツーリスト・ビューロー本部支部案内所並代理店
ジャパン・ツーリスト・ビューロー（目的 組織と事業）
日本国際観光局
◆扉
〈写真〉アラスカ風物
時事雑感 〔生野団六〕 2
鞄の塵（二十七）〔旅狂生〕 9
九州温泉《うんぜん》公園とその発展策 11
〈短歌〉旅の日記より 〔尾上柴舟〕 21
〈短歌〉保田行 〔若月紫蘭〕 22
〈短歌〉旅を行きつつ 〔浅野梨郷〕 23
〈写真と文〉修道院 24
聖地トラピストに入る 〔海野力太郎〕 25
大三島に遊びて 〔前田三遊〕 25
思ひ出話 〔生野生〕 28
琴平より小豆島へ（二）〔鹿瀬一良〕 31
鯨の乳 42
〈写真と文〉駒ヶ岳絶頂に於ける朝香宮殿下 43
〈写真と文〉日本アルプス行 〔松島卯三郎〕 44
〈写真と文〉新築の帝国ホテル 47
新築の帝国ホテル 48
もみぢ 50
旅みやげ 〔渡辺生〕 57
◆新らしき案内
郵船北米航路の現状 58

Mitsukoshi
The Hakubunkwan Printing Co., Ltd.
Mitsubishi Goshi Kaisha
The Imperial Japanese Goverment Monopoly Bureau
The Yasuda Bank, Ltd.
Mikimoto
Japan Hotel Association
Японское бюро для Туристовъ
Bureau du Tourisme du Japon
New Atami Hotel
◆口絵写真
Regged Pinnacles on the Crest of Mt. Myogi / A Mountain Stream near Fukazawa Bridge, Nikko.
The Japan Tourist Bureau Celebration of Its Tenth Anniversary 〔A. R. Paget〕 1
The Katana, The Soul of the Samurai 〔Eisaku Waseda〕 7
Authorities Improve Customs Inspection 26
An Autumnal Visit to Kanazawa's "Eight Scenes" : Nature's Work of Gardening, near Tokyo 〔Yae-kichi Yabe〕 27
A Tour of the Historic Island of Sado, and Places of Interest en Route 〔A. R. Paget〕 31
Noboribetsu Hot Spring, Hokkaido 〔Frederic de Garis〕 42
The Traveller in Peking and Environs 〔L. W. Crane〕 48
◆ Notes and News
A Japanese World-Tour Party Returned Home 59
Sanyo Hotel Reopened Its Business 59
Shima Hot Spring : Unknown Hot Spring and Maple Resort 60
The New Imperial Hotel 65
〈詩〉The Two Frogs 〔Kajika〕 66
Favourite Resorts for Maple Leaves 67
Japan Diary 73

The Tourist's Tokyo Calendar　74

第10巻第6号　大正11（1922）年11月発行（第58号）

ジャパン・ツーリスト・ビューロー本部支部案内所並代理店
ジャパン・ツーリスト・ビューロー（目的　組織と事業）
日本国際観光局
◆扉
　〈写真〉冬の夕
時事雑感　〔生野団六〕　2
鞄の塵（二十八）〔旅狂生〕　6
旅館に関する感想　〔二荒芳徳〕　8
チップはどれだけ遣れば好いか　13
旅姿に現はるる国民性　〔永島義治〕　14
瘤と疣　15
〈短歌〉水郷　〔浅野梨郷〕　16
名所と芭蕉の句碑　〔坪谷水哉〕　17
美術家と旅行　18
北方への旅　〔稲田九郎〕　20
冬の温泉　20
翼長し唐津の港　〔鹿瀬一良〕　27
印度観光団に就いて　40
感じの好い大森ホテル　42
〈写真と文〉海外に於けるスキー　43
この冬のスキー —全日本スキー選手権大会—　44
或る日の長崎沖　〔春野 薫〕　46
鳥瞰図と俯瞰図　51
◆旅行倶楽部
　蒲郡の常磐館　52
　旅の話の会　53
　物見山行　54

〈英文〉

Toyo Kisen Kaisha
Mitsukoshi
The Hakubunkwan Printing Co., Ltd.
Mitsubishi Goshi Kaisha
The Imperial Japanese Goverment Monopoly Bureau
The Yasuda Bank, Ltd.
Mikimoto
Japan Hotel Association
Японское бюро для Туристовъ
Bureau du Tourisme du Japon
Official Guide to Eastern Asia
The Old Japanese Drama　〔Yae-kichi Yabe〕 1
The Charms of Life　8
The Tokyo School of Foreign Languages　〔Eisaku Waseda〕 11
◆ Notes and News
General Meeting of Japan Hotel Association　20
The New Atami Hotel Opened　20
A Tour of the Historic Island of Sado : And Places of Interest En Route, Part II　〔A. R. Paget〕　21
Japanese Inns　〔Frederic de Garis〕 35
The Lower Yangtse Valley　〔L. W. Crane〕　43
Summer Offices at Karuizawa and Unzen Closed　53
The Annual Fine Arts Exhibition at Ueno Park　54
The Beauties of Tokyo Bay　〔A. R. Paget〕　62
The Bookshelf "The Hot Springs of Japan"　68
〈詩〉On Pasing the Ruined Capital of Omi〔Kakinomoto-no-Hitomaro / C.F. Stephens〕　69
◆ Of Tourist Interest
Japanese Government Railways Will Rebuild San-yo Hotel　70
Government Railways Building New Ferry Vessels on the Ferry Service between Shimonoseki and Fusan　70

Ferry Service into Hakodate to Be Improved　71
N.Y.K. Accelerates Its European Service　71
Option of Local Trips Granted by the N.Y.K. to Through Passengers　71
Shinjuku Gurdens to Be Public Park　72
T.K.K. Inaugurates the Java Line　72
Japan Diary　73
The Tourist's Tokyo Calendar　74

第 11 巻第 1 号　大正 12（1923）年 1 月発行（第 59 号）

ジャパン・ツーリスト・ビューロー本部支部案内所並代理店
ジャパン・ツーリスト・ビューロー（目的　組織と事業）
日本国際観光局
◆扉
〈写真〉朝日を浴びて
時事雑感〔生野団六〕 2
鞄の塵（二十九）〔旅狂生〕 4
大正十一年のツーリスト事業概観〔猪股忠次〕 6
外人待遇の主要目的〔中川正左〕 15
外国人が珍しいのか　17
ツーリスト業者の任務〔中島滋太郎〕 18
事実ほど強きものなし〔下村 宏〕 21
ツーリスト事業の根本問題〔浅野良三〕 22
ツーリストと物価問題〔野村治一良〕 23
外人の取締に就て〔YN 生〕 24
足柄山吟行〔坪谷水哉〕 30
〈短歌〉旅の日記より〔尾上柴舟〕 32
〈俳句〉短日〔高浜虚子〕 33
〈短歌〉新年の歌〔若月紫蘭〕 34
室町時代の庭園に及ぼしたる水墨画の影響〔龍居松之助〕 35

〈写真〉水墨画の影響を見る庭園　36
〈写真〉相阿弥の絵のままなる庭園　37
独逸《ドイツ》の近状〔石田善太郎〕 40
旅と旅館〔生野生〕 48
〈写真と文〉スキー競技　52
海の外より　53
◆旅行倶楽部
　日本旅館に関する感想〔MT 生〕 54
茶代とチツプ　56
歳末を賑はした米国観光団　57
新春閑話〔春野 薫〕 58
◆会報
　理事会　63
　世界一周団募集　63
　邦人来訪者増加　63
　帝国ホテル内新案内所開業　63
　九州温泉と震災　63
　ビューロー近刊印刷物　63
　猪股主事渡欧　63
　大正十一年十月及十一月中本部並各案内所来訪外客数　63
　ビューロー内地嘱託案内所来訪外客数―大正十一年十月及十一月中―　63
　大正十一年十一月中寄贈雑誌　63
◆広告
　鉄道省編纂『鉄道旅行案内』『温泉案内』『神まうで』（博文館）
　第五十六回世界一周団／『東京より紐育へ』／『東京より倫敦へ』／鉄道省編纂『朝鮮満洲支那案内』『英文　日本温泉案内』（ジャパン・ツーリスト・ビューロー）　68

〈英文〉

The Japan Tourist Bureau (Board of Officers / Head Office / Branch

Offices / Ticket & Inquiry Offices / Inquiry Offices /Agencies Abroad)

◆欧文広告

Japan Tourist Bureau Railway Tickets
Northern Pacific Railway
Chicago, Milwaukee & St. Paul Railways
The Japanese Goverment Railways (“Hot Spring of Japan”)
The Formosan Goverment Railways
South Manchuria Railway Co.
Nisshin Kisen Kaisha
Nippon Yusen Kaisha
Toyo Kisen Kaisha
Mitsukoshi
The Hakubunkwan Printing Co., Ltd.
Mitsubishi Goshi Kaisha
The Imperial Japanese Goverment Monopoly Bureau
The Yasuda Bank, Ltd.
Mikimoto
Japan Hotel Association
Японское бюро для Туристовъ
Bureau du Tourisme du Japon
Official Guide to Eastern Asia & Hot Spring of Japan

◆口絵写真

"Dawn on the Mountain Clouds" / Fish-bone Sliding in Echigo Province

Some Popular New Year Pastimes in Japan 〔Yae-kichi Yabe〕 1
The Significance of New Year 6
New J.T.B. Ticket and Inquiry Office in the Imperial Hotel 7
Tricky Traders in Art 〔Eisaku Waseda〕 8
A Hurried Trip Across Korea 〔L.W. Crane〕 15
The Earthquake in Nagasaki-ken 23
Railways in Korea and Manchuria : The Transformation of the "Hervit

Kingdom" and the Development of South Manchuria 〔R.W.A. Salter〕 24
A Tour of the Historic Island of Sado and Places of Interest en Route, Part III 〔A.R. Paget〕 34
〈詩〉"On Beholding Fuji" 〔Ymabe-no-Akahito / C.F. Stephens〕/ "Absent Friends" 〔Ki-no-Tsurayuki/ C.F. Stephens〕 46
From the Fuji Lakes to Minobu 〔Tomitaro Suzuki〕 47
Specimens of Short Trips in Japan（XVI）Mt. Kurodaki and Its Vicinity 56
◆ Of Tourist Interest
Fast Transportation between Nagasaki and Shanghai Offered at Low Rates 61
Sailing List for U.S.A. & Canada 62
Canada & U.S.A. to Japan & China 63
Sailing List Japan & China to Marseilles & London 64
Sailing List London & Marseilles to China & Japan 65
Sailing List Kobe to Keelung and Vice Versa 66
Sailing List Japan to Shanghai and Vice Versa 66
The Tourist's Tokyo Calender 68

第 11 巻第 2 号　大正 12（1923）年 3 月発行（第 60 号）

ジャパン・ツーリスト・ビューロー本部支部案内所並代理店
ジャパン・ツーリスト・ビューロー（目的　組織と事業）
日本国際観光局
◆扉
〈写真〉春の訪づれ
時事雑感 〔生野団六〕 2
噫、伏見大宮殿下 8
旅のノートより 9
伊豆地方を旅して旅館主と交通責任者へ訴ふ 〔田中次郎〕 10

瀞八丁　〔田村 剛〕 14
欧州旅行雑話　〔山田 醇〕 23
欄外小言　笑ふより外に能の無い女性　〔松雨〕 27
〈短歌〉スキー雑詠　〔二荒芳徳〕 28
亡び行く桜草　29
奈良の春　30
取残されたE.C.C　32
徒歩旅行に就て　〔松島生〕 33
〈写真と文〉秩父・高松両宮殿下スキー御練習　36
〈写真と文〉瑞西《スイス》に於けるスキー大会　37
〈写真と文〉白光の下に汗ばむ　五色温泉、飯山、沼尻温泉　38
全国スキー練習場案内　40
函嶺四日の旅　〔生野生〕 48
海の外より　52
◆旅行倶楽部
　茶代廃止旅館無料広告　53
　旅の話会　53
　九州支那旅行活動写真会　53
　会員消息　54
◆会報
　ビューロー理事会　55
　ビューロー青島支部　55
　会員代表者変更　55
　大正十一年中上陸外人数　55
　東管内嘱託案内所事務打合会　56
　米人世界漫遊団に対する斡旋　56
　クラーク社観光団来る　56
　シュライナー極東観光団に対する斡旋　57
　邦人世界一周団出発　57
　上海航路が十時間短縮された　57
　金谷善一郎氏逝去　57

世界教育会議　58

大正十一年十二月及一月中本部並各案内所来訪外客数　58

ビューロー内地嘱託案内所来訪外客数―大正十一年十二月及一月中―　58

大正十二年一月中寄贈雑誌　59

◆広告

日支小荷物並日支電報（ジャパン・ツーリスト・ビューロ）

田山花袋『京阪一日の行楽』／鉄道省編纂『お寺まゐり』『神まうで』／斎藤隆三『古社寺めぐり』（博文館）

海外旅行斡旋／『東京より紐育へ』／『東京より倫敦へ』／鉄道省編纂『朝鮮満洲支那案内』『英文　日本温泉案内』／南北支那旅行／鉄道省編纂『支那案内』／ビューロー編纂『英文北京地図』／クック者編纂『英文北京』（ジャパン・ツーリスト・ビューロ）

茶代廃止旅館

〈英文〉

The Japan Tourist Bureau (Board of Officers / Head Office / Branch Offices / Ticket & Inquiry Offices / Inquiry Offices /Agencies Abroad)

◆欧文広告

Japan Tourist Bureau Railway Tickets

Northern Pacific Railway

Chicago, Milwaukee & St. Paul Railway

The Japanese Goverment Railways ("Hot Spring of Japan")

The Formosan Goverment Railways

South Manchuria Railway Co.

Nisshin Kisen Kaisha

Nippon Yusen Kaisha

Toyo Kisen Kaisha

Mitsukoshi

The Hakubunkwan Printing Co., Ltd.

Mitsubishi Goshi Kaisha

The Imperial Japanese Goverment Monopoly Bureau
The Yasuda Bank, Ltd.
Mikimoto
Japan Hotel Association
Японское бюро для Туристовъ
Bureau du Tourisme du Japon
Official Guide to Eastern Asia & Hot Spring of Japan
The Call of Japan 1
Gion Quarters, the Nucleus of Kyoto, and Its "Cherry Dances" 〔Yaekichi Yabe〕 4
Superficial Japan 9
The Miracle of Tsubosaka : A Story of a Poor Woman's Faith in Kwannon, The Manifesation of Mercy, and a Wonderful Cure 〔Madame Yukio Ozaki〕 12
Changes Taking Place in Japan 〔Tomitaro Suzuki〕 22
Public Baths in Tokyo 29
The Scenic Japan Alps 〔L.W. Crane〕 32
Opening of the New Section to Manazuru 〔A.R. Paget〕 43
New Fast Service between Nagasaki and Shanghai 48
Walking in Boshu 〔Katheryne Colvin Thomas〕 52
Unzen Park（Nagasaki）and the Recent Seismic Disturbances 〔Dr.F. Omori〕 57
Laconia Tourist Party Arrives in Japan 60
Interview with an America Authoress 〔Elizabeth L. McQueen〕 61
◆ Of Tourist Interest
Shin-Maizuru to Hold Industrial Exhibition 62
The Tokyo Kaikwan 62
The World Conference on Education and the Pan-Pacific Sub-Conferen
ce 63
Participation of the Pan-Pacfic Union 63
The Tourist's Tokyo Calender 64

第 11 巻第 3 号　大正 12（1923）年 5 月発行（第 61 号）

ジャパン・ツーリスト・ビューロー本部支部案内所並代理店
日本国際観光局
ジャパン・ツーリスト・ビューロー（目的　組織と事業）
◆扉
　〈写真〉初夏の崇陵（支那）
時事雑感　〔生野団六〕 2
北白川宮殿下の薨去　8
欧州より南米へ　〔山崎直方〕 9
別府の仙境由布院温泉　28
〈短歌〉旅そのをりをり　〔二荒芳徳〕34
〈短歌〉伊太利《イタリー》より瑞西《スイス》へ　〔山内 顕〕 36
◆極東選手競技大会
　出場選手諸君に望む　〔堀内信水〕 37
　フェアープレー、フェアーファイト　〔林 愛作〕 38
　運動精神に国境無し　〔高橋 養〕 40
　極東競技大会最高記録　44
　極東競技大会日程　45
　〈写真〉海外における婦人選手　47
〈写真と文〉歓喜に満てる台湾　50
旅のノートより　〔旅狂生〕 52
日本人は商売下手　〔猪股忠次〕 53
ラコニア航海記の内から　〔猪股忠次〕 54
海の外より　62
世界一周団より　〔宮内昌雄〕 64
◆会報
　ビューロー理事会　65
　クック社世界一周米人団　65
　白国実業団の渡来　65
　シモン氏一行に対する斡旋　65
　米国絹業視察団　66

The Yasuda Bank, Ltd.
Mikimoto
Japan Hotel Association
Японское бюро для Туристовъ
Bureau du Tourisme du Japon
Official Guide to Eastern Asia & Hot Spring of Japan
The Sixth Far Eastern Chanpionship Games　1
Ground for the Far Eastern Games　9
◆写真
Pole Vault, Baseball Practice　10
Catcher　11
Start of 100 Yards Dash, Another Start　12
Girls' Lawn Tennis Championship Contest, Running Board Jump　13
Typical Championship Start　14
Girls' Swimming Championship　15
High Dive, Shot Put　16
Olympic Games in the Far East : An Historical Sketch　17
Jizo, Divine Playmate of Japanese Children　〔Charlotte Reppart Lehnhausen〕　21
〈詩〉The Shrine　〔Beatrice Laxon Sweet〕　24
The Development of the Japanese Inn　〔J.R. Sugita〕　25
〈詩〉A Specimen of "Imayo" Song, On the Four Seasons of the Year 〔Abbot Jichin / C.F. Stephens〕　29
The Famous Ikao Spa　〔A.R. Paget〕　30
A Trip to Nikko : Its Zigzag Ridges and Volcanic Lakes　〔Yae-kichi Yabe〕　36
The Love of Wilderness and Summer Pastimes　40
A May Excursion to the Slopes of Fujiyama　〔Daniel B. Langford〕 43
Trip to Aso Crater　〔Tomitaro Suzuki〕　48
American Tourist Parties Arrive in Japan One After Another　55

◆ Of Tourist Interest
Combined Railway and Steamer Tickets for Shanghai Issued　58
Public Interpreters in Nagoya　58
N.Y.K. Cut Trans-Pacific Passage Rates　58
Okuma Gardens Opened to the Public 58
The Tourist's Calender　59
Sailing List for U.S. & Canada　60
Canada & U.S.A. to Japan & China　61
Sailing List Japan & China to Marseilles & London　62
Sailing List London & Marseilles to China & Japan　63
Sailing List Japan to Shanghai and Vice Versa　64

第 11 巻第 4 号　大正 12（1923）年 7 月発行（第 62 号）

ジャパン・ツーリスト・ビューロー本部支部案内所並代理店
日本国際観光局
ジャパン・ツーリスト・ビューロー（目的　組織と事業）
◆扉
〈写真〉涼味（諾威の夏）
巻頭言　2
欧州に於けるツーリスト事業の現況　〔猪股忠次〕　6
忘れ難き三ホテル　〔旅狂生〕　11
お別れの辞　〔生野団六〕　12
生野団六君を送る　〔木下淑夫〕　13
支那の風光と人情　〔後藤朝太郎〕　14
「欧州より南米へ」に就いて　27
別府より耶馬渓へ　〔アダムスベック〕　28
九州アルプス　36
ベルゲンの夏の思い出　〔遠藤松雨〕　45
〈写真と文〉伊太利の旅　〔大類 伸〕　50
〈短歌〉亜米利加にて　〔山内 顕〕　53

〈写真と図〉（模範的と称さるるロッシユバアイヨンの山小屋）　54
〈写真〉涼味溢れる飛騨の山水　55
避暑山水百景　56
那須温泉　61
日本ホテルメンスアソーシエイションの創立を喜びて　〔杉田六一〕　63
旅行機関とエスペラント　〔高橋邦太郎〕　65
感心な東京駅のお婆さん　66
世界一周団より　67
海の外より　68
◆広告
日本郵船　北海道樺太周遊
◆会報
第十二回総会　69
ビューロー幹事更迭　70
前役員に対する謝意　71
長崎県の上海記者団招待　71
長崎ゴルフ倶楽部成る　71
日本協会より　71
新会員　72
青梅鉄道より　72
箱根ホテル新築　69
ビューロー近刊　72
本部並各案内所来訪客数　大正十二年四月及五月中　73
ビューロー内地嘱託案内所来訪外客数　大正十二年四月及五月中　73
大正十二年五月中寄贈雑誌　74
◆広告
谷口梨花『家族連れの旅』（博文館）
海外旅行斡旋／『東京より紐育へ』／『東京より倫敦へ』／鉄道省編纂『支那案内』／ビューロー編纂『英文北京地図』／北京行小荷物と電報（ジャパン・ツーリスト・ビューロー）
茶代廃止旅館

〈英文〉

The Japan Tourist Bureau（Board of Officers / Head Office / Branch Offices / Ticket & Inquiry Offices / Inquiry Offices /Agencies Abroad）

◆欧文広告

Japan Tourist Bureau RailwayTickets

Northern Pacific Railway

Chicago, Milwaukee & St. Paul Railway

Hotels of Three Cities

Mitsukoshi

The Japanese Goverment Railways (“Hot Spring of Japan”)

South Manchuria Railway Co.

The Formosan Goverment Railways

Toyo Kisen Kaisha

Nisshin Kisen Kaisha

Nippon Yusen Kaisha

Mitsubishi Goshi Kaisha

The Bank of Taiwn, Limited.

The Yasuda Bank, Ltd.

The Imperial Japanese Goverment Monopoly Bureau

The Hakubunkwan Printing Co., Ltd.

Mikimoto

Japan Hotel Association

Hotel Plaza-Athénée

J.T.B. Publications

Японское бюро для Туристовъ

Bureau du Tourisme du Japon

Japan Tourist Bureau

Official Guide to Eastern Asia & Hot Spring of Japan

An International Tourist Business Conference : A Suggestion 〔C. Inomata〕 1

Mr.D. Shono Ex-General Manager of the Japan Tourist Bureau 3

General Review of the Far Eastern Championship Games 〔Tomitaro Suzuki〕 4
Summering in Japan 〔Yae-kichi Yabe〕 11
Strangers 15
Inquiry Offices at Summer Resorts 17
Dairen the Door to Manchuria 〔L.W. Crane〕 18
Atami 〔Frederick Parrott〕 25
Hokkaido as a Summer Resort 27
The As-af-am-eur-alian Society : A Picnic to the Tamagawa 〔Agnes B. Alexander〕 30
Eleven Years After 〔W. D. McCrackan〕 34
◆ J.T.B. Notes
Change of General Manager of the J.T.B. 34
Mr.C. Inomata Return to Japan 34
The Bamboos of Japan 〔K. Hisauchi〕 35
Bon Festival : The Ceremony of "The Feast of the Dead" 40
The Roman Letters in the Japanese Language 〔J. R. Sugita〕 45
The Soul of the Shakuhachi 〔"The Argonauts"〕 49
Specimens of Short Trips in Japan（XV）: Nasu Hot Spring 54
◆ Of Tourist Interest
New Hakone Hotel Opened at Lake Ashi 59
The Inage Summer Evening Fair 59
The Tourist's Calender 60
Sailing List for U.S.A. & Canada 61
Canada & U.S.A. to Japan & China 62
Sailing List Japan & China to Marseilles & London 63
Sailing List London & Marseilles to China & Japan 64

第11巻第5号 大正12（1923）年11月発行（第63号）

ジャパン・ツーリスト・ビューロー本部支部案内所並代理店

日本国際観光局
ジャパン・ツーリスト・ビューロー（目的　組織と事業）
謝震災御見舞（ジャパン・ツーリスト・ビューロー）
◆扉
〈写真〉刻々焦土に化しつつある東京
残灰焦土の土の中より〔猪股忠次〕 2
震災余話　9
石丸会長の逝去　10
中川会長を迎う　11
理事会　11
木下淑夫氏を憶う　12
三僚友を悼む　14
極東鉄道大学設立の議〔木下淑夫〕 15
摂政宮殿下の富士御登山〔二荒芳徳〕 18
火難震災裡のホテル　20
羅馬より〔宮内昌雄〕 22
ホテル通義（一） 23
〈短歌〉那須温泉〔浅野梨郷〕 31
海の旅三千里―博愛丸航海記―　32
〈写真〉南樺太の旅　44
〈写真〉惨禍の跡〈浅草十二階〉 46
震災当時　47
◆会報
震災とツーリスト・ビューロー　49
横浜案内所全滅　49
壮烈なる大桃氏の最期　49
横浜へ臨時派遣員　49
軽井沢案内所の活動　50
中川正左氏　50
内田嘉吉氏　50
木下淑夫氏　50

罹災会員　50
罹災地に於けるホテル　51
本年度上半期渡来外人数　51
理事会　51
夏期臨時案内所　51
新券発売　52
日支小荷物新運賃　52
ビューロー本部及各案内所来訪外客数六月及七月中　53
ビューロー内地嘱託案内所来訪外客数大正十二年六月及七月中　53
大正十二年七、八月中寄贈雑誌　54
◆広告
東洋汽船出帆広告
震災御見舞　東京電灯株式会社横浜支店　日本ホテル協会
海外旅行斡旋／『東京より紐育へ』／『東京より倫敦へ』／鉄道省編纂『支那案内』／ビューロー編纂『英文北京地図』／北京行小荷物と電報（ジャパン・ツーリスト・ビューロー）
震災御見舞　三越呉服店　帝国劇場株式会社

〈英文〉
The Japan Tourist Bureau (Board of Officers / Head Office / Branch Offices / Ticket & Inquiry Offices / Inquiry Offices /Agencies Abroad)
◆欧文広告
Japan Tourist Bureau (J.T.B. Attends to Disaster Inquiries /J.T.B. Accepts Relief Donations)
Europe Complete Service for Trans-Atlantic Travel
Northern Pacific Railway
Chicago, Milwaukee & St. Paul Railway
N.Y.K. Activities in the Earthquake Disaster
Hotel Plaza-Athénée
Mackinnon, Mackenzie & Co. (Japan) Ltd.
Iida & Co. Ltd.(Takashimaya)

The Seiyoken Co.
The Japanese Goverment Railways (“Hot Spring of Japan”)
Mitsukoshi
South Manchuria Railway Co.
The Formosan Goverment Railways
Toyo Kisen Kaisha
Nisshin Kisen Kaisha
Mitsubishi Goshi Kaisha
The Bank of Taiwan, Limted.
The Yasuda Bank, Ltd.
The Imperial Japanese Goverment Monopoly Bureau
The Hakubunkwan Printing Co., Ltd.
Mikimoto
Japan Hotel Association
Japan Tourist Bureau
Bureau du Tourisme du Japon
Official Guide to Eastern Asia & Hot Spring of Japan
The Earthquake　1
◆写真
Ueno Station after the Fire /Yokohama Pier and the Custom House / Huge Cracks Produced by the Earthquake in Yokohama　8
Nihombashi Bridge, Tokyo, After the Great Earthquake and Subsequent Conflagration/Azumabashi Bridge near Asakusa Park after the Great Earthquake and Conflagration　9
Tokyo Printing Office after the Fire / Yokohama Telephone Exchange Office　10
Yokohama Station after the Fire　11
Hachiman Shrine at Kamakura Shaken / Yokosuka City after the Violent Earthquake　12
Personal Experience of the Great Earthquake in Yokohama : on September 1st, 1923.〔A.R. Paget〕 13

The Steamer That Helped : What the N.Y.K. and KY.K. Did in the Earthquake Disaster　32
The Death of Dr. S. Ishimaru　37
Death of Mr. Y. Kinoshita　38
Woman's Dues and Her Part in the Home in Japan　〔Yae-kichi Yabe〕　40
How to See Japan　〔Ina Metaxa〕　45
Prince Regent Climbs Mt. Fuji　54
Cake-Making in Japan　〔J. R. Sugita〕　59
Annual General Meeting of the J.T.B.　64
New Parcal Post Rates for Chiba　64
More Tickets Issued By the J.T.B.　64
Shodoshima, A Romantic Isle in the Inland Sea　〔Major A. D. Molony〕　65
◆J.T.B. Notes
Change of President of the J.T.B.　68
Return of a Japanese Round-the-World Party　68
The Following Is a List of Foreigners Reported Killed　69
Plincipal Buildings Burned in Tokyo　73
The Diplomatic and Consular Bodies　74

第12巻第1号　大正13（1924）年1月発行（第64号）

ジャパン・ツーリスト・ビューロー本部支部案内所並代理店
ジャパン・ツーリスト・ビューロー（目的　現況　組織と事業）
◆扉
（年頭に際し謹みて東宮殿下の御慶事をことほぎまつる）
復興の春を迎へて　〔猪股忠次〕　2
続鞄の塵（一）〔旅狂生〕　8
帝都復興に就て市民の覚悟　〔阪谷芳郎〕　10
大正十二年ツーリスト事業概観　13

〈短歌〉旅の手帳より〔尾上柴舟〕20
〈俳句〉火鉢〔高浜虚子〕21
飛騨高山町で見た庭―古い様式が残つてゐる〔龍居松之助〕22
これからのホテル〔大塚常吉〕27
ホテル通義（二）38
欧露より〔藤次清二〕56
モリヱール誕生の家　57
欄外小言　出札口　58
日光東照宮の拝観料問題に就て〔大谷 勇〕59
〈写真〉旅のスケツチ〔松島卯三郎〕62
〈写真と文〉フランコニア号　キユーナード・ライン　64
桑港《(サンフランシスコ)》よりロツキーを越ゆるまで　世界一周旅行記の一〔小林政太郎〕65
◆旅行倶楽部
　東京市旅館の再興に就て　81
　会員の消息　83
コムピエンの秋の思出〔松雨〕84
つうりすと閑話〔春野 薫〕89
◆会報
　理事会　95
　関西に於ける懇談会　95
　種田虎雄氏　95
　深尾隆太郎氏　95
　米国観光団に対する斡旋　95
　最近来朝の観光団　95
　海外行旅客増加　96
　鮮満支那方面行邦人旅客に対する便宜増進　96
　日支小包と電報　97
　日光ホテル廃業　97
　北京案内所移転　97
　本部電話開通　97

ビューロー本部並直属案内所来訪外客数—大正十二年八、九、十月中— 97

大正十二年十一月中寄贈雑誌　98

◆広告

海外旅行斡旋／『東京より紐育へ』／『東京より倫敦へ』／鉄道省編纂『支那案内』／ビューロー編纂『英文北京地図』／北京行小荷物（ジャパン・ツーリスト・ビューロー）

〈英文〉

The Japan Tourist Bureau（Board of Officers / Head Office / Branch Offices / Ticket & Inquiry Offices / Inquiry Offices /Agencies Abroad）

◆欧文広告

Japan Tourist Bureau Railway Tickets

Complete Service for Trans-Atrantic Travel

Nortern Pacific Railway

Canadian Pacific Railway

Chicago, Milwaukee & St. Paul Railway

Hotels of Three Cities（Washington, Philadelphia, New York）

Cunard-Anchor Lines

Mikimoto

Hôtel Plaza-Athénée

Mackinnon, Mackenzie & Co.（Japan）Ltd.

South Manchuria Railway Co.

Japanese Government Railways

Formosan Goverment Railway

Toyo Kisen Kaisya

Nippon Yusen Kaisya

Nisshin Kisen Kaisya

The Yasuda Bank, Ltd.

The Bank of Taiwan, Limted.

Mitsubishi Goshi Kaisya

The Hakubunkwan Printing Co., Ltd.
The Imperial Japanese Government Monopoly Bureau
Japan Hotel Association
J.T.B. Publications
Bureau du Tourisme du Japon
Японское бюро для Туристовъ
Efflorescence of a New Tokyo 1
The Restoration Board 5
Franconia Tourist Party Is Coming to Japan 7
The Imperial Wedding Celebration 8
Osaka, Japan's Second Largest City 〔Yae-kichi Yabe〕 9
〈詩〉The Grave 〔Kikwan〕 15
Brave Mermaids of Central Japan 〔Tomitaro Suzuki〕 16
〈詩〉Verse of New Year 〔Ikkiu〕 23
A Story of Hiyoshi-Maru 24
◆ J.T.B. Notes
Expansion of the J.T.B. Steamer Ticket Business 28
J.T.B. Peking Office Removed 28
A Brief History of the Vernacular Press〔J. R. Sugita〕 29
Japanese Baths and Bath Houses 35
〈詩〉Specimens of Tanka or Short Poems 〔Kamo Mabuchi / Kagawa Kageki / C.F. Stephens〕 43
A Visit to Shuzenji Hot Springs & Miyanoshita After the Earthquake 〔A.R. Paget〕 44
〈詩〉Song of the Maples 〔Philip H. Dodge〕 49
Lake Towada 〔Frederic de Garis〕 50
The American Red Cross Society Relief Corps 60
A Slight Tribute to Mr. Ryosuke Omomo 〔Clarence Griffin〕 62
Rebuilding of the Okura Museum of Antiquities 〔C. Maki〕 63
The Imperial Hotel in the Tokyo Earthquake : The Manager's Story 〔T. Inumaru〕 67

The J.T.B. Yokohama Office Reopened　74
◆Of Tourist Interest
　Department of Communications' Museum Reopened　75
　Resumption of Japan-China Rapid Express Service　75
　Plum Trees in Tokyo　75
　An Hotel Planned for Yokohama　75
The Tourist Tokyo Calendar　76

第12巻第2号　大正13（1924）年3月発行（第65号）

ジャパン・ツーリスト・ビューロー本部支部案内所並代理店
日本国際観光局
ジャパン・ツーリスト・ビューロー（目的　現況　組織と事業）
◆扉
　〈写真〉名残の雪を見つめて
時事雑感〔猪股忠次〕2
続鞄の塵（二）〔旅狂生〕9
米国の国立公園に就て〔佐藤良文〕11
ホテル通義（三）19
赤色露西亜《ロシア》を視察して〔藤次清二〕30
欄外笑話　49
白老の土人部落を訪ねて　50
東照宮拝観料廃止反対の所見の誤謬〔高橋美忠〕58
〈短歌〉房州保田〔浅野梨郷〕62
レーニンの死　63
桜の名所と名木　65
〈写真〉旅のスケッチ〔松島卯三郎〕67
温泉場の春景気　69
十円以内　東京付近春の旅　70
コロラドより紐育《ニューヨーク》へ　世界一周旅行記の二〔小林政太郎〕71
巴里《パリ》の春の思出〔豊原清雄〕86

◆旅行倶楽部
再び東京市旅館の復興に就て 91
倶楽部の消息 93
◆会報
ラコニア号世界周遊団に対する斡旋 93
グレー氏観光団 93
近く来朝の予定にある世界一周団は左の如く 94
海外行旅客の為めの施設 94
昨年の上陸外人数 94
犬丸帝国ホテル支配人の名誉 94
桜木町駅長更迭 95
ビューロー本部及直属案内所来訪外客数
—大正十二年十一月及十二月中— 95
ビューロー嘱託案内所来訪外客数
—大正十二年自九月至十一月中— 95
大正十三年一月中寄贈雑誌 96
◆広告
帆足理一郎『改訂　聖き愛の世界へ』（博文館）
北京行小荷物／海外旅行斡旋／『東京より紐育へ』／『東京より倫敦へ』／ビューロー編纂『英文北京地図』（ジャパン・ツーリスト・ビューロー）
復興旅館と茶代廃止旅館

〈英文〉
The Japan Tourist Bureau (Board of Officers / Head Office / Branch Offices / Ticket & Inquiry Offices / Inquiry Offices /Agencies Abroad)
◆欧文広告
Japan Tourist Bureau Railway Tickets
Great Nothern Railway
Nortern Pacific Railway
Cunard-Anchor Lines

Formosa the Modern Part I 〔T. Baty〕 45
〈詩〉Imperial Wedding Poem 〔Mrs. Burnett〕 49
Lake Towada Part II 〔Frederic de Garis〕 50
Our Ascent of Tsubakura and Yari in the Japan Alps〔N. Hayashi〕 56
Bonsai and Bon-seki 61
Fair Nagasaki : The Naples of the Orient 〔J. Ingram Bryan〕 62
Where to View the Cherry Blossom 65
Specimens of Short Trips in Japan（XVI）: A Trip to Gokei Canyon from Kobe 67
Laconia Tourist Party Again Visits Japan 70
◆Of Tourist Interest
A New Steamer Service on the Yangtsze River 71
Imperial Theatre 71
The Messageries Maritimes Revises a Part of Their Sailing Schedule 71
Uyeno Park Granted to the Tokyo Municipality 71
The Tourist Tokyo Calendar 72
Sailing List Japan & China to Marseilles & London 73
Sailing List London & Marseilles to China & Japan 74
Canada & U.S.A. to Japan & China 75
Sailing List for U.S.A. & Canada 76

第12巻第3号 大正13（1924）年5月発行（第66号）

ジャパン・ツーリスト・ビューロー本部支部案内所並代理店
日本国際観光局
ジャパン・ツーリスト・ビューロー（目的 現況 組織と事業）
◆扉
〈写真〉新緑の渓（飛驒風景） 1
時事雑感 〔猪股忠次〕 2
続鞄の塵（三） 〔旅狂生〕 8

世界一周観光団の話　〔春野 薫〕　10
つつじの花　17
〈短歌〉桜　〔土岐善麿〕　18
〈俳句〉野遊　〔山口青邨〕　19
絵画の趣味　〔松雨〕　20
ホテルの話　〔大塚常吉〕　22
ホテル通義（四）　25
甦生の帝劇　35
大火後に於ける市俄古《シカゴ》のホテル　〔JRS生〕　36
憧がれの山々　38
琵琶湖めぐり―みどり丸にて　43
〈写真〉飛騨の山中より　〔山田応水〕　47
〈写真〉朝鮮にて　〔喜多泰次郎〕　48
紐育《ニューヨーク》より倫敦《ロンドン》へ　世界一周旅行記の三　〔小林政太郎〕　50
山陰偶感　〔鹿瀬一良〕　59
海の外より　69
◆会報
　会長の更迭　71
　三月理事会　71
　四月理事会　71
　山陽ホテル新築落成　71
　会員代表変更　72
　日光ホテル再開　72
　世界周遊大観光団に対する斡旋　72
　大英帝国博覧会　72
　米国領事旅券査証　73
　ビューロー本部及直属案内所来訪外客数―大正十三年一月及二月中―　73
　ビューロー嘱託案内所来訪外客数―自大正十二年十二至大正十三年一月―　74
◆広告

田山花袋『東京近郊一日の行楽』、『京阪一日の行楽』（博文館）
海外旅行斡旋／『東京より紐育へ』／『東京より倫敦へ』／ビューロー編纂『英文北京地図』／北京行小荷物／（ジャパン・ツーリスト・ビューロー）
太湖汽船株式会社（琵琶湖周遊）

〈英文〉

The Japan Tourist Bureau（Board of Officers / Head Office / Branch Offices / Ticket & Inquiry Offices / Inquiry Offices /Agencies Abroad）

◆欧文広告

Japan Tourist Bureau Railway Tickets
Great Nothern Railway
Nortern Pacific Railway
Cunard-Anchor Lines
Hotels of Three Cities（Washington, Philadelphia, New York）
Canadian Pacific Railway
Chicago, Milwaukee & St. Paul Railway
Complete Service for Trans-Atrantic Travel
Hôtel Plaza-Athénée
Mackinnon, Mackenzie & Co.（Japan）Ltd.
Japanese Government Railways
Formosan Goverment Railway
South Manchuria Railway Co.
Toyo Kisen Kaisya
Nippon Yusen Kaisya
Nisshin Kisen Kaisya
Mitsubishi Goshi Kaisya
The Yasuda Bank, Ltd.
The Bank of Taiwan, Limted.
The Imperial Japanese Government Monopoly Bureau
Japan Hotel Association

Mikimoto
The Hakubunkwan Printing Co., Ltd.
Японское бюро для Туристовъ
Japan's Call to Tourists　1
Change of President of the J.T.B.　3
Boys' Festival of Banners　〔Yae-kichi Yabe〕　4
Brothers and Sisters　〔Yae-kichi Yabe〕　8
Well-Known Asakusa　〔Tomitaro Suzuki〕　11
The Development and Possibilities of Air Transport : What Is Japan Doing　〔A. R. Paget〕　23
Judō　30
The First Hotel Built in Japan　〔J. R. Sugita〕　37
Kusatsu in Early April　〔Tomitaro Suzuki〕　40
〈詩〉The Land of Flowers　〔H.E. Daunt〕　49
Lake Shikotsu, Hokkaido　〔Frederic de Garis〕　50
Formosa the Modern Part II　〔T. Baty〕　55
Summer Cruises in Home Waters　〔A.R. Paget〕　59
Cryptomeria　〔Frank Crane〕　60
Specimens of Short Trips in Japan（XVII）: A Trip to Okitsu, Miho, Ryugeji and Kunōzan from Tokyo　61
The Book Shelf : Guide to China　67
Foreign Tourist Parties Visit Japan in Succession　68
The New San-Yo Hotel　72
〈詩〉The Evening-Glory〔Taigi〕　73
◆ Of Tourist Interest
N.Y.K. Inaugurate Convenient System of Travel to and from Shanghai　74
Japan-China Rapid Express Liners of N.Y.K.　74
Sanyo Hotel Reopened　74
A New Hotel Opened at Kobe　74
A New Line to Be Opened　74

The Imperial Theatre　75
The "Sho-Ho Maru"　75
Shoji Hotel Opened　75
The Tourist Tokyo Calendar　76

第 12 巻第 4 号　大正 13（1924）年 7 月発行（第 67 号）

ジャパン・ツーリスト・ビューロー本部支部案内所並代理店
ジャパン・ツーリスト・ビューロー（目的　現況　組織と事業）
日本国際観光局
◆扉
〈写真〉真夏の雪（日本アルプス）　1
時事雑感　〔猪股忠次〕　2
精神的避暑　〔村上恭一〕　7
続鞄の塵（四）〔旅狂生〕　8
〈俳句〉ただ淋し　〔高浜虚子〕　10
避暑雑感　〔旅狂山人〕　11
柏から船橋まで　〔杉村楚人冠〕　16
〈短歌〉浅間山麓　〔杉浦翠子〕　19
ホテルの話（二）〔大塚常吉〕　20
旅鞄　〔若月紫蘭〕　23
〈写真〉避暑地へ急ぐ旅客の群　25
武州金沢　〔別所梅之助〕　26
〈短歌〉暁　〔原 阿佐緒〕　27
相模川を下る　28
〈写真〉相模川下り　〔田中 貞〕　31
新緑の武蔵野めぐり　〔坪谷水哉〕　32
〈写真〉涼味　34
〈写真〉比叡山の朝　36
三浦三崎　37
全国主要避暑地案内　39

エムプレス・オブ・カナダの午餐会　62
欧羅巴《ヨーロッパ》折々の記　〔外山高一〕　64
◆会報
　理事会（六月十八日）　77
　理事会（六月二十三日）　77
　第十三回総会　77
　竹内直哉氏を悼む　78
　夏期臨時案内所　78
　海浜ホテル復旧　79
　日支連絡船　79
　夏期汽船割引　79
　主要駅にて日支連絡船切符発売　79
　ビューロー本部及直属案内所来訪外客数—大正十三年三月及四月中—　79
　ビューロー嘱託案内所来訪外客数—大正十三年三月及四月中—　79
　大正十三年六月中寄贈雑誌　80
◆広告
　谷口梨花『増訂　汽車の窓から　西南部』『増訂　汽車の窓から　東北部』『家族連れの旅』／田山花袋『東京近郊一日の行楽』『京阪一日の行楽』『温泉めぐり』／鉄道省編纂『神まうで』『お寺まいり』／大町桂月『関東の山水』／横井春野『富士と日本アルプス』／田中阿歌魔『湖沼めぐり』／斎藤隆三『美術行脚　古社寺めぐり』（博文館）
　海外旅行斡旋／『東京より紐育へ』／『東京より倫敦へ』／ビューロー編纂『英文北京地図』／北京行小荷物／（ジャパン・ツーリスト・ビューロー）
　復興旅館と茶代廃止旅館

〈英文〉

The Japan Tourist Bureau (Board of Officers / Head Office / Branch Offices / Ticket & Inquiry Offices / Inquiry Offices /Agencies Abroad)
◆欧文広告

Japan Tourist Bureau Summer Extension
Canadian Pacific Railway
Cunard-Anchor Lines
Chicago, Milwaukee & St. Paul Railway
Complete Service for Trans-Atrantic Travel
Northern Pacific Railway
Great Northern Railway
Hotels of Three Cities（Washington, Philadelphia, New York）
Hôtel Plaza-Athénée
Mackinnon, Mackenzie & Co.（Japan）Ltd.
South Manchuria Railway Co.
Formosan Government Railway
Japanese Government Railways
Nishin Kisen Kaisya
Toyo Kisen Kaisya
Nippon Yusen Kaisha
Mitsubishi Goshi Kaisha
The Yokohama Specie Bank, Limted.
The Bank of Taiwan, Limted.
The Yasuda Bank, Ltd.
Mikimoto
Japan Hotel Association
The Hakubunkwan Printing Co., Ltd.
The Imperial Japanese Government Monopoly Bureau
Japan Tourist Bureau Railway Tickets
Bureau du Tourisme du Japon
The Taiko Steamship Co.
The Thermal Spring Section, Beppu City Office
Travel Fosters Friendship　1
Gidayu（or Joruri）　3
Grand Celebration of the Marriage of the Prince Regent and the

Crown Princess　4
Changes of President of the J.T.B.　7
Nos Hôtes Français（仏語記事）　8
〈詩〉（Dans l'eau de l'antique fossé tou'es les choses）〔Paul Claudel〕 9
A Visit to the Minobusan Kuonji Temple, Mt Minobu〔A.R. Paget〕 10
Sketch Map of Mt. Minobu & Its Environment　12
A Walking Trip to the Sōunkyō Canyon：In the Interior of Hokkaido〔Frederic de Garis〕 21
Annual General Meeting of the J.T.B.　28
Karuizawa, The Most Popular Summer Resort〔Yae-kichi Yabe〕 29
Justice and Retribution〔Yae-kichi Yabe〕 32
Inquiry Offices at Summer Resorts　34
Travellers' Checks Issued by the J.T.B.　34
Japanese Clothes　35
Declaration〔The Japan-American Society of Kobe〕 44
A Chat on the Japanese Votive Pictures〔J. R. Sugita〕 45
Old Traditions of Mount and River in Japan　49
〈詩〉The Land of Flowers（Part II）　55
Reminiscences of Old Days〔K. Sugino〕 56
Lake Biwa　58
Favourite Summer Resorts　62
◆ Of Tourist Interest
Pacific Mail Improvement　68
Motor Car Roads to Miyanoshita & Hakone Reopened　68
How to Reach Lake Shoji　68
N.Y.K. Kobe-Nagasaki-Shanghai Service　69
Lake Biwa Will Be Tank for Aquatic Stars　69
The Tourist Calendar　70
Sailing List for U.S.A. & Canada　71

Sailing List for Canada & U.S.A. to Japan & China 72
Sailing List Japan & China to Marseilles & London 73
Sailing List London & Marseilles to China & Japan 74

第12巻第5号 大正13（1924）年9月発行（第68号）

ジャパン・ツーリスト・ビューロー本部支部案内所並代理店
ジャパン・ツーリスト・ビューロー（目的 現況 組織と事業）
日本国際観光局
◆扉
〈写真〉むしろ帆あげて（秘露チチカカ湖） 1
時事雑感 〔猪股忠次〕 2
続鞄の塵（五）〔旅狂生〕 6
〈俳句〉新涼 〔山口青邨〕 9
◆木下淑夫君の思出
インク壺引提げた姿 〔高浜虚子〕 10
卓見にして熱心なる人 〔阪谷芳郎〕 14
活動家にして勉強家 〔真田秀吉〕 15
百万の味方にも優る心強さ 〔斯波忠三郎〕 16
豊国でめしを喰ふ 〔福地信世〕 18
郷里に於る叔父の少年時代と其思出 〔木下善一郎〕 18
亡き友をおもひて 〔林 愛作〕 21
ホテル通義（五） 22
〈俳句〉雲遊霞宿吟 〔丸山晩霞〕 29
〈写真〉ヒマラヤを望む 〔丸山晩霞〕
ユーゴースラビアを経てコンスタンチノープルへ 〔大内秀一郎〕 36
房総めぐり 44
◆東西交信 旅のこだま
鞆の港 〔喜子雄〕 48
三津浜の一夜 〔一良〕 53
〈写真〉松島だより 〔松島卯三郎〕 57

もみぢの旅　59
〈写真〉紅葉と渓谷の美　〔山田応水〕 67
倫敦《ロンドン》より巴里《パリ》へ　世界一周旅行記の四　〔小林政太郎〕 69
◆会報
会長更迭　78
支部長更迭　78
名誉会員　78
主事更迭　78
定例理事会　78
新入会　78
米国方面に開書配付　78
代表者変更　78
殉難職員追悼会　78
臨時案内所開設　79
七月中避暑客数　79
富士登山者数　79
ビューロー本部及直属案内所来訪外客数―大正十三年五月及六月中―　79
ビューロー嘱託案内所来訪外客数―大正十三年三月及四月中―　80
◆広告
鉄道省編纂『鉄道旅行案内』『羽越線案内』『神まうで』『お寺まいり』／田山花袋『東京近郊一日の行楽』『京阪一日の行楽』『温泉めぐり』／大町桂月『関東の山水』／森暁紅『日帰り一二泊　気軽な旅』／田中阿歌麿『湖沼めぐり』／谷口梨花『増訂　汽車の窓から　西南部』『増訂　汽車の窓から　東北部』（博文館）
海外旅行斡旋／『東京より紐育へ』／『東京より倫敦へ』／ビューロー編纂『英文北京地図』／北京行小荷物／（ジャパン・ツーリスト・ビューロー）
復興旅館と茶代廃止旅館

〈英文〉

The Japan Tourist Bureau（Board of Officers / Head Office / Branch Offices / Ticket & Inquiry Offices / Inquiry Offices /Agencies Abroad）
◆欧文広告
Japan Tourist Bureau Railway Tickets
Complete Service for Trans-Atrantic Travel
Cunard-Anchor Lines
Chicago, Milwaukee & St. Paul Railway
Canadian Pacific Railway
Great Northern Railway
Northern Pacific Railway
Hôtel Plaza-Athénée
Mackinnon, Mackenzie & Co.（Japan）Ltd.
Formosan Government Railway
Japanese Government Railways
Nisshin Kisen Kaisha
Toyo Kisen Kaisha
Nippon Yusen Kaisha
Mitsubishi Goshi Kaisha
The Yokohama Specie Bank, Limted.
The Bank of Taiwan, Limted.
The Yasuda Bank, Ltd.
Mikimoto
Japan Hotel Association
The Hakubunkwan Printing Co., Ltd.
The Imperial Japanese Government Monopoly Bureau
South Manchuria Railway Co.
Bureau du Tourisme du Japon
Autumn Landscape 〔Yae-kichi Yabe〕 1
A Tour of the Uetsu Line 〔A.R. Paget〕 7
Sketch Map of the Uetsu Line 8

A Visit to the Minobusan Kuonji Temple, Mt. Minobu, Part II 〔A.R. Paget〕 27
San-In and Hokuriku Hot Springs 〔Tomitaro Suzuki〕 35
The Crest a Distinctive Part of Correct Japanese Dress 〔Sara Moffatt Schenck〕 46
〈詩〉"Onoga mi ni" / "Iné no ho no"〔C.F, Stephens〕 52
Fox Superstitions : The Terrible Power of Fox Women 〔Madame Yukio Ozaki〕 53
Stock Breeding of Old Japan : The Origin of Sukiyaki 〔J.R. Sugita〕 56
〈詩〉Specimens of Short Poems in the Heian Period 〔Fujiwara-no-Toshinari / C.F, Stephens〕 59
Favourite Resorts for Maple Leaves : The Neighbourhood of Tokyo 60
◆Of Tourist Interest
A New Accommodation on the Fusan-shimonoseki Ferry Boats 64
The First Motor Ship of the N.Y.K. 64
Railway Fares on the Shiberian Railway Line 64
Fine Scenery on the Newly Opened Railway Line 64
Special Passenger Train to Kobe Piers 65
Revised Schedule for Shanghai Express 65
The Tourist Calendar 66

第12巻第6号　大正13（1924）年11月発行（第69号）

ジャパン・ツーリスト・ビューロー本部支部案内所並代理店
ジャパン・ツーリスト・ビューロー（目的　現況　組織と事業）
日本国際観光局
◆扉
〈写真〉初冬の秩父長瀞　1
時事雑感 〔猪股忠次〕 2

続鞄の塵（六）〔旅狂生〕 6
〈俳句〉雲遊霞宿吟（二）〔丸山晩霞〕 8
ホテルの話（三）〔大塚常吉〕 14
スキースポーツに就て 〔広田戸七郎〕 19
帝劇の復興と今後の方針 〔山本久三郎〕 25
ホテル通義（六） 31
ホテル研究の参考書 〔杉田六一〕 39
〈俳句〉名古屋付近の一日 〔坪谷水哉〕 43
名古屋市―外客誘致の立場より見たる― 〔生野団六〕 44
木曽川を下る　46
〈写真〉木曽川の風景 〔山田醇・牧野秀治〕 50
〈写真〉金剛山の秋 〔山口正造〕 52
〈写真〉秩父長瀞　53
秩父長瀞　54
マオリ族　56
全国スキー練習場案内　57
巴里《パリ》より伯林《ベルリン》へ　世界一周旅行記の五 〔小林政太郎〕 65
◆会報
　九月理事会　78
　十月理事会　78
　ホテル協会総会　78
　会員代表者変更　78
　マオリ族一行に対する斡旋　78
　丸ノ内ホテル開業　78
　横浜在住外人復帰　78
　世界一周旅行　79
　ビューロー本部及直属案内所来訪外客数―大正十三年七月及八月中―　79
　ビューロー嘱託案内所来訪外客数―大正十三年七月及八月中―　79
新刊紹介　80
十月中寄贈雑誌　80

◆広告

鉄道省編纂『鉄道旅行案内』『十和田・田沢・男鹿半島案内』『日本北アルプス登山案内』『羽越線案内』『神まうで』（博文館）

海外旅行斡旋／『東京より紐育へ』／『東京より倫敦へ』／『英文支那案内』／『英文北京地図』／クック社主催世界一周旅行／旅行と保険（ジャパン・ツーリスト・ビューロー）

茶代廃止旅館

〈**英文**〉

The Japan Tourist Bureau（Board of Officers / Head Office / Branch Offices / Ticket & Inquiry Offices / Inquiry Offices /Agencies Abroad）

◆欧文広告

Japan Tourist Bureau Railway Tickets

Canadian Pacific Railway

Great Northern Railway

Complete Service for Trans-Atrantic Travel

Northern Pacific Railway

Chicago, Milwaukee & St. Paul Railway

Canadian National Railways

Cunard-Anchor Lines

Hôtel Plaza-Athénée

Mackinnon, Mackenzie & Co.（Japan）Ltd.

Toyo Kisen Kaisha

Nisshin Kisen Kaisha

Japanese Goverment Railways

Formosan Government Railway

South Manchuria Railway Co.

The Yokohama Specie Bank, Limted.

The Bank of Taiwan, Limted.

The Yasuda Bank, Ltd.

The Hakubunkwan Printing Co., Ltd.

The Imperial Japanese Government Monopoly Bureau
Mikimoto
Japan Hotel Association
Nippon Yusen Kaisha
Bureau du Tourisme du Japon
Tokyo in the Remaking : Progress Satisfactory during the Past Ten Months 1
Accident Insurance Business Started 3
Summer Offices at Karuizawa and Unzen Closed 3
The "Ayu," the Queen of the River 〔Eisaku Waseda〕 4
Oriental Hotel Renovated 11
The Imperial Theatre 11
Historic Stone Lanterns 12
〈詩〉Snow Song〔C.F, Stephens〕 19
Paradise Land in Japan 〔Tomitaro Suzuki〕 20
Soji-Ji at Tsurumi, near Yokohama : One of the Largest and Most Magnificent Buddhist Temples in Japan 〔Yae-kichi Yabe〕 41
Faith of the Patriarch 〔Yae-kichi Yabe〕 45
Cook's Circular Notes and Letters of Credit 47
General Meeting of the Japan Hotel Association 47
〈詩〉Revenge 〔Blue Doragon-fly〕 48
The Fifth Annual Fine Arts Exhibition 49
Old Traditions of Mount and River in Japan Part II 52
Where to Ski in Japan 57
◆ Of Tourist Interest
Marunouchi Hotel Opened 66
Subway for Tokyo Will Be Opened in the near Future 66
Kanda-Uyeno Line Work Proceeding 66
O.S.K. Places New Vessel on Beppu Line 67
N.Y.K. European Liners to Call at Naples 67
Reconstruction Exhibit Planned for Next Year 67

The Tourist Calendar　68
Sailing List for U.S.A. & Canada　69
Sailing List for Canada & U.S.A. to Japan & China　70
Sailing List Japan & China to Marseilles & London　71
Sailing List London & Marseilles to China & Japan　72

第 13 巻第 1 号　大正 14（1925）年 1 月発行（第 70 号）

ジャパン・ツーリスト・ビューロー本部支部案内所並代理店
ジャパン・ツーリスト・ビューロー（目的　現況　組織と事業）
日本国際観光局案内
◆扉
新春所感〔猪股忠次〕 2
〈短歌〉獅子舞〔尾上柴舟〕 6
続鞄の塵（七）〔旅狂生〕 7
外客の居心地をよくせよ〔後藤朝太郎〕 9
外客誘致の方策と施設〔大蔵公望 / 西野恵之助 / 杉村広太郎 / 田中次郎 / 中川正左 / 村上恭一〕 20
〈俳句〉消炭〔高浜虚子〕 31
ホテル法規に就て〔大塚常吉〕 32
ホテル通義（七） 38
海外旅行の印象と我国にも試みたき事〔宮岡恒次郎 / 宮岡慶子 / 小泉丹 / 鈴木文史郎 / 早川徳次 / 山田 醇〕 46
フィレンツエの思ひ出〔田村 剛〕 52
西洋食い気話〔山田 醇〕 57
伊勢の女〔若月保治〕 64
南佛蘭西（プロヴンスの話）〔豊原清雄〕 66
南加リバサイドより〔剣持確麿〕 70
〈写真〉山陰の旅〔牧野秀治〕 73
新装の歌舞伎座〔田中 貞〕 74
帝劇にて不快に感ぜし実例〔松雨〕 76

◆会報
十一月理事会 77
十二月理事会 77
東管ツーリスト事務打合せ会 77
役員勤務先異動 77
昨年中本邦渡来外人数 77
世界一周旅行 78
世界一周観光団来朝 78
開書に対する反響 78
旅行費用に関する宣伝 78
今橋ホテル焼失 79
熱海ホテル再開 79
亀ノ井ホテル開業 79
ビューロー本部及直属案内所来訪客数—大正十三年九月及十月中— 79
ビューロー嘱託案内所来訪外客数—大正十三年九月及十月中— 79
内外近事 80
◆付録
高千穂 後1
日向青島 後7
◆広告
鉄道省編纂『鉄道旅行案内』『十和田・田沢・男鹿半島案内』『日本北アルプス登山案内』『羽越線案内』『神まうで』（博文館）
海外旅行斡旋／『東京より紐育へ』／『東京より倫敦へ』／『英文支那案内』／『英文北京地図』／クック社主催世界一周旅行／旅行と保険（ジャパン・ツーリスト・ビューロー）
茶代廃止旅館

〈英文〉
The Japan Tourist Bureau (Board of Officers / Head Office / Branch Offices / Ticket & Inquiry Offices / Inquiry Offices /Agencies Abroad)

Sense of Honor 〔Yae-kichi Yabe〕 17
Signatures and Seals in Japan 〔Sara Moffatt Schenck〕 20
Catering Business in Japan : The First Restaurant〔J.R. Sugita〕 30
Kyoto Battledoor-Song 33
The Tokonoma Decorations 〔Santaro〕 34
Japan's Remarkable Progress 〔Y.Yoshimachi〕 43
Where to Skate in Japan 45
Battledoor-Songs 52
◆ Of Tourist Interest
Atami Hotel Repened 53
Good Skiing and Skating Promised for Sport Fans 53
Rebuilding of Mansei Bridge Planned 53
The Tourist's Calendar 54
Sailing List for U.S.A. & Canada 55
Sailing List Canada & U.S.A. to Japan & China 56
Sailing List London & Marseilles to China & Japan 57
Sailing List Japan & China to Marseilles & London 58

第 13 巻第 2 号　大正 14（1925）年 3 月発行（第 71 号）

ジャパン・ツーリスト・ビューロー本部支部案内所並代理店
ジャパン・ツーリスト・ビューロー（目的　現況　組織と事業）
日本国際観光局案内
◆扉
時事雑感 〔猪股忠次〕 2
〈俳句〉春先 〔山口青邨〕 7
続鞄の塵（八）〔旅狂生〕 8
西伯利亜《シベリア》鉄道の近状 10
滬杭甬《ここうよう》鉄道と杭州 〔大塚鉄雄〕 16
〈写真〉杭州三景 17
欧州大陸のホテルでのチツプ 〔YN 生〕 20

ホテル通義（八）　23
上高地問題　31
〈写真〉上高地　34
〈写真〉京都嵐山　35
〈写真〉吉野　36
小豆島　〔瀧沢喜子雄〕　37
南仏プロワ゛ンス　〔豊原清雄〕　50
別府と紅丸　〔猪股雪帆〕　52
歌舞伎座の印象　〔春野 薫〕　54
ベルジェンランド号観光団　57
ヴエニスとフローレンス　世界一周旅行記の六　〔小林政太郎〕　60
旅順の黄金台　68
欧羅巴《ヨーロッパ》折々の記（二）　〔外山高一〕　69
◆会報
　一月理事会　76
　二月理事会　76
　入会　76
　会員代表者変更　76
　昨年中渡外客総数　76
　三たび日本旅行慫慂の宣伝　77
　クラーク観光団来朝　77
　ハンブルグアメリカンライン　77
　欧羅巴《ヨーロッパ》交通地図発売　77
　哈爾賓《ハルビン》莫斯科《モスクワ》間列車　　77
　ビューロー本部及直属案内所来訪客数
　　　　—大正十三年十一月及十二月中—　78
◆広告
　谷口梨花『汽車の窓から西南部』『汽車の窓から　東北部」・田山花袋『東京近郊　一日の行楽』『京阪　一日の行楽』（博文館）
　海外旅行斡旋／『東京より紐育へ』／『東京より倫敦へ』／『英文支那案内』／『英文北京地図』（ジャパン・ツーリスト・ビューロー）

茶代廃止旅館

旅行と保険／ヤンクルート『最新欧羅巴《(ヨーロッパ)》交通全図』（ジャパン・ツーリスト・ビューロー）

〈英文〉

The Japan Tourist Bureau (Board of Officers / Head Office / Branch Offices / Ticket & Inquiry Offices / Inquiry Offices /Agencies Abroad)

◆欧文広告

Japan Tourist Bureau Railway Tickets
The Atchison Topeka & Santa Fe Railway
Great Northern Railway
White Star Line
Northern Pacific Railway
Chicago, Milwaukee & St. Paul Railway
Canadian National Railways
Cunard-Anchor Lines
Canadian Pacific Railway
Hôtel Plaza-Athénée
Mackinnon, Mackenzie & Co. (Japan) Ltd.
Nisshin Kisen Kaisha
Japanese Government Railways
Formosan Government Railway
South Manchuria Railway Co.
The Yokohama Specie Bank, Limted.
The Bank of Taiwan, Limted.
The Yasuda Bank, Ltd.
The Hakubunkwan Printing Co., Ltd.
The Imperial Japanese Government Monopoly Bureau
Mikimoto
Japan Hotel Association
Nippon Yusen Kaisha

Toyo Kisen Kaisha
Bureau du Tourisme du Japon
Mitsubishi Goshi Kaisha
◆口絵写真
Cherry Blossoms near the Benkei Bridge, Akasaka-ku
Westerners and Their Shares in the Making of New Japan〔The Dai Nippon Bunmei Kyokai〕 1
An Oriental Library 〔Eisaku Waseda〕 7
〈詩〉Beautiful Japan 〔A.B. Simpson〕 12
Inter-racial Fraternity and the World's Peace〔Yae-kichi Yabe〕 13
Righteous Wrath〔Yae-kichi Yabe〕 17
Mr. C. Inomata Made F.R.G.S. 18
Excursion Tickets will Be Issued 18
Emperor Worship in Japan : A Study of Shinto〔Albertus Pieters〕 20
Belgenland Tourist Party Visit Japan 28
A Week in Southern Japan 〔Raymond Bantock〕 31
A Trip to Oshima Island 〔S.F.〕 40
More Schools Needed in Japan 〔Tomitaro Suzuki〕 48
◆ Of Tourist Interest
The Kabukiza Theatre 52
Where to Play Golf in Japan 52
New Privilege Given to Pacific Passengers 53
Electrifying the Tokaido Line will Start Soon 53
A Well-Known Theatre Burned Down 54
Subway Plans Get Definite 54
N.Y.K. Recommence Issuing Return Tickets by the Trans-Pacific Line 54
N.Y.K. Arranges Optional Side Trip via Calcutta for Passengers by the European Line 55
Direct Line to Atami to Be Opened This Month 55
The Tourist's Calendar 56

第13巻第3号 大正14（1925）年5月発行（第72号）

ジャパン・ツーリスト・ビューロー本部支部案内所並代理店
ジャパン・ツーリスト・ビューロー（目的 現況 組織と事業）
日本国際観光局案内
◆扉
時事雑感 〔猪股忠次〕 2
続鞄の塵（九）〔旅狂生〕 7
〈俳句〉日ぐらし硯 〔坪谷水哉〕 9
〈俳句〉遅日 〔山口青邨〕 10
維納《ウィーン》に於ける国際的学術講演会に就て 〔外山高一〕 11
ホテル発達史の一節 〔杉田六一〕 16
ホテル通義（九） 21
〈写真〉維納《ウィーン》旧離宮の庭園 26
〈写真〉八丈島スケッチ 〔牧野秀治〕 28
外人観光団雑記 30
外国観光客とリキシヤ 〔横浜貿易新聞〕 34
露支合同視察団 35
欧羅巴《ヨーロッパ》旅行者の為めに 36
東京を中心とせる初夏の行楽 40
フローレンスより羅馬《ローマ》、ナポリへ 世界一周旅行記の七 〔小林政太郎〕 44
◆会報
三月理事会 58
四月理事会 58
エムブレスオブフランス号観光団に対する斡旋 58
フランコニア号観光団来朝 58
仏国実業視察団の来朝 58
哈爾賓《ハルピン》露支合同観光団 58
母国見学団一行 59
旭野球団 59
米国旅行に就き 59

Hôtel Plaza-Athénée
Mackinnon, Mackenzie & Co.（Japan）Ltd.
Mitsubishi Goshi Kaisha
Japanese Government Railways
Formosan Government Railway
South Manchuria Railway Co.
The Yokohama Specie Bank, Limted.
The Bank of Taiwan, Limted.
The Yasuda Bank, Ltd.
The Hakubunkwan Printing Co., Ltd.
The Imperial Japanese Government Monopoly Bureau
Nippon Yusen Kaisha
Nisshin Kisen Kaisha
Toyo Kisen Kaisha
Mikimoto
Japan Hotel Association
Bureau du Tourisme du Japon
◆口絵写真
Three-storied Pagoda in the Enclosure of Kiyomizu Temple, Kyoto
Travel Facilities Multiplying 1
Mr. Yoshio Kinoshita — An Appreciation 〔Emory R. Johnson〕 4
Man in Superman Role : In Japanese Classical Dramas 〔Yae-kichi Yabe〕 8
The First Play "Sekigahara"〔Yae-kichi Yabe〕 13
The Second Play "Shibaraku"〔Yae-kichi Yabe〕 16
The Third Play "Jitsuroku Sendaihagi " 〔Yae-kichi Yabe 〕 18
Obligation from Personal Relation 〔Yae-kichi Yabe〕 21
Last Year's Tourist Group Regarded Japan as Most Beautiful Land 23
Emperor Worship in Japan : A Study of Shinto : Its Place in National Life Part Ⅱ 〔Albertus Pieters〕 24

Harbin : The Paris of the East 〔Raymond Bantock〕 31
〈詩〉Beautiful Japan（Continued from the March Number）
〔A.B. Simpson〕 42
Hot Springs in Izu Peninsula 43
Big Tourist Rush to Japan 56
American Sees Real Japanese 60
Travel Conditions in Japan : The Favourable Excahnge 61
Holidays in Japan 62
◆Of Tourist Interest
The Tokyo Museum Opened to the Public 64
Shimbashi Embujo Theater Opened 64
New Art Gallery Is Built in Ueno 64
New Tram Line Schedule will Begin Here May 1 65
Northern Pacific Opens a Shanghai Office 65
The Tourist's Calender 66
Sailing List for U.S.A. & Canada 67
Sailing List Canada & U.S.A. to Japan & China 68
Sailing List London & Marseilles to China & Japan 69
Sailing List Japan & China to Marseilles & London 70

第１３巻第４号　大正１４（１９２５）年７月発行（第７３号）

ジャパン・ツーリスト・ビューロー本部支部案内所並代理店
ジャパン・ツーリスト・ビューロー（目的　現況　組織と事業）
◆広告
海外旅行斡旋／『東京より紐育へ』／『東京より倫敦へ』／『英文支那案内』／『英文北京地図』（ジャパン・ツーリスト・ビューロー）
◆扉
時事雑感 〔猪股忠次〕 2
続鞄の塵（十）〔旅狂生〕 6
処女渓『面河』の記 〔田村 剛〕 8

〈短歌〉大和 〔石井直三郎〕 17
〈短歌〉夏は来むかな 〔杉浦翠子〕 18
〈短歌〉震災回顧 〔長岡とみ子〕 19
茅ヶ崎の網漁 〔坪谷水哉〕 20
米国のアパートメントホテル 〔杉田六一〕 23
フランク・ミラー氏のこと 29
西伯利亜《シベリア》経由西欧連絡に就て 32
避暑地ここかしこ（七月しらべ） 34
日本アルプス登山要項 34
各登山口及山上小屋諸物価並略案内 38
欧羅巴《ヨーロッパ》折々の記 〔外山高一〕 67
白浜より 〔吉田初三郎〕 73
◆〈書評〉書架に倚りて
龍居松之助『日本名園記』 85
服部嘉香・植原路郎『新らしき言葉の字引』 85
大類 伸『史跡めぐり』 85
大町桂月『山水めぐり』 86
河田祐慶『天幕生活』 86
丹野寅之助『松島、金華山、平泉めぐり』 86
◆会報
理事会 87
第十四回総会 87
台北支部長 88
会則改正 88
入会 88
会員代表者変更 89
臨時案内所開所 89
世界周遊団 89
ビューロー本部及直属案内所来訪外客数―大正十四年三月及四月中― 90
ビューロー嘱託案内所来訪外客数―大正十四年三月及四月中― 90

朝鮮支部長　91

支那方面よりの避暑客　91

箱根道路の復旧　91

◆付録

黒部峡谷　後1

耶馬渓　後8

唐津　後13

◆広告

鉄道省編纂『鉄道旅行案内』／谷口梨花『家族連れの旅』／田山花袋『一日の行楽』／谷口梨花『汽車の窓から』、森暁紅『気軽な旅』／大類伸『史跡めぐり』／田山花袋『温泉めぐり』／大町桂月『山水めぐり』／笹川臨風『古跡めぐり』（博文館）

旅行と保険／ヤンクルート『最新欧羅巴《ヨーロッパ》交通全図』（ジャパン・ツーリスト・ビューロー）

『旅』／鉄道省運輸局編『汽車時間表』（日本旅行文化協会）

茶代廃止旅館

〈英文〉

The Japan Tourist Bureau (Board of Officers / Head Office / Branch Offices / Ticket & Inquiry Offices / Inquiry Offices /Agencies Abroad)

◆欧文広告

Japan Tourist Bureau Summer Exension

The Atchison Topeka & Santa Fe Railway

Northern Pacific Railway

Chicago, Milwaukee & St. Paul Railway

Cunard-Anchor Lines

Canadian Pacific

Great Northern Railway

Canadian National Railways

White Star Line

Mackinnon, Mackenzie & Co. (Japan) Ltd.

Japanese Government Railways
Formosan Government Railway
South Manchuria Railway Co.
The Yokohama Specie Bank, Limted.
Mitsubishi Goshi Kaisha
Toyo Kisen Kaisha
Nippon Yusen Kaisha
Nisshin Kisen Kaisha
The Imperial Japanese Government Monopoly Bureau
The Hakubunkwan Printing Co., Ltd.
The Bank of Taiwan, Limted.
The Yasuda Bank, Ltd.
Mikimoto
Japan Hotel Association
Bureau du Tourisme du Japon
Japan Tourist Bureau Railway Tickets
◆口絵写真
The Snowy Valley on Tsurugi-dake Peak near Mt. Tateyama
Japan Beckons　1
The Silver Wedding Anniversary of the Emperor and Empress of Japan　3
Making Railroad Cars Our Common Home　〔Yae-kichi Yabe〕　11
A New Magazine "The Youmg East"　14
Tokyo Office Atami Hotel　14
Worry's Presence　〔Yae-kichi Yabe〕　15
A Magnificent Foreign Style Hotel Will Appear in Yokohama City　17
"Bon" Festival　18
Inquiry Offices at Summer Resorts　21
The Northern Environs of Mt. Fuji　22
A Great National Park with the Majestic Fujiyama as a Background Will Be Built by the Fuji-sanroku Electric Co.　32

Notes on Nikko Yumoto River (Yugawa)—1925
〔E. Hamilton Holmes〕 33
Cormorant Fishing at Gifu 〔J. S. Happer〕 38
The Death of Mr. N.F. Blanch 42
The Theatre in Tokyo 43
American Ambassador Visits Shimoda 45
Tourist Rush to Japan Part II 51
Favourite Summer Resorts for Foreign Visitors 59
◆ Of Tourist Interest
Opening of Season for Climbing Fuji 64
The Inauguration of a Combined Trans-Pacific and Round the World Steamer Service 64
Karuizawa Will Have More Improved Accomodation This Summer 65
Motorning to the Outside of Tokyo City 65
Call of N.Y.K. Steamers at Gibraltar 67
The Tourist's Calendar 68
Sailing List for U.S.A. & Canada 69
Sailing List Canada & U.S.A. to Japan & China 70
Sailing List London & Marseilles to China & Japan 71
Sailing List Japan & China to Marseilles & London 72
Principal Connecting Steamer Lines 73
Connecting Service between Japan and China 74
Through Service West of Tokyo : Up Train 75
Through Service West of Tokyo : Down Train 76

第13巻第5号　大正14（1925）年9月発行（第74号）

ジャパン・ツーリスト・ビューロー本部支部案内所並代理店
ジャパン・ツーリスト・ビューロー（目的　現況　組織と事業）
房総半島巡り、富士山麓めぐり遊覧券／三越呉服店内案内所新設（ジャ

パン・ツーリスト・ビューロー）
日本国際観光局
◆広告
海外旅行斡旋／『東京より紐育へ』／『東京より倫敦へ』／『英文支那案内』／『英文北京地図』（ジャパン・ツーリスト・ビューロー）
◆扉
時事雑感 〔猪股忠次〕 2
〈俳句〉薄闇の蟹 〔世味〕 7
続鞄の塵（十一）〔旅狂生〕 8
アルゼンチンの話 〔渥美育郎〕 10
〈俳句〉茗荷畑 〔山口青邨〕 15
西伯利亜《（シベリア）》鉄道に就て 〔岩永裕吉〕 16
〈短歌〉能登の旅 〔横田葉子〕 19
支那のホテルの新傾向 〔杉田六一〕 20
ホテル通義（一〇） 22
悲しき思出 26
旅館建築雑話 〔山田 醇〕 27
海外主要地行日数と運費概算 32
その月の出来事 33
最近外人旅客の動静 34
大北《グレート・ノーザン》鉄道の今昔 36
欧州旅行者の為めに（二） 38
〈写真と文〉蒲郡 41
海の外より 42
北海道と十和田 〔川部辰一郎〕 44
欧羅巴《（ヨーロッパ）》折々の記（四）〔外山高一〕 50
もみぢの旅 64
◆会報
七月理事会 72
八月理事会 72
入会 72

米国議員団に対する斡旋　72
支那工程師学会員来朝　72
案内所新設　72
遊覧券発売開始　72
旅行手形発行　73
軽井沢案内所　73
温泉《うんせん》案内所　73
鮮満、西伯利亜観察団に対する斡旋　73
麻耶丸就航　73
英文日本地図発売　73
西班牙も旅行査証廃止　73
浦塩斯徳《（ウラジオストク）》より主要地に至る汽車賃金　74
本部及直属案内所来訪客―大正十四年五月及六月中―　74
◆付録
南知多　愛知県知多郡　後 1
香落渓　三重県名賀郡　後 8
◆広告
大正十五年　博文館日記　『大正十五年当用日記』／『大正十五年横線当用日記』／『大正十五年懐中日記』／『大正十五年英文日記』／『大正十五年ポケット日記』／『大正十五年家庭日記』／『大正十五年小学生日記』／『大正十五年家計日記』／『大正十五年家庭出納帳』（博文館）
旅行と保険／ヤンクルート『最新欧羅巴《（ヨーロッパ）》交通全図』（ジャパン・ツーリスト・ビューロー）
『旅』／鉄道省運輸局編『汽車時間表』（日本旅行文化協会）
茶代廃止旅館

〈英文〉

The Japan Tourist Bureau (Board of Officers / Head Office / Branch Offices / Ticket & Inquiry Offices / Inquiry Offices / Agencies Abroad)
◆欧文広告

Япochck Ъюро Аля Туристоbъ
◆口絵写真
Shooting Down the Tenryukyo Seen from the Ryukaku-ho Peak
Japan as a Tourist Land　1
Making Railroad Cars Our Common Home Part II 〔Yae-kichi Yabe〕 4
The Nippon Spirit : Zennist Dogen's Sublime Freedom through Asceticism Obvious 〔Masujiro Honda〕 9
Hearn's Early Days in Japan 〔Setsuko Koizumi（Mrs. Hearn）〕 13
A Trip to Lake Towada 〔Edmond D. Berton〕 25
From Kobe to Beppu through the Inland Sea 〔D.L.Thomson〕 36
New J.T.B. Ticket & Inquiry Office in the Mitsukoshi　45
The Honourable Mrs. E.A. Gordon Passes Away　45
Shooting Down the River Tenryu : The Most Exciting Boat Excursion in Japan　46
The U.S. Congressional Party　57
The Theatre in Tokyo　61
Mr. Frank A. Miller Visits Japan　64
◆ Of Tourist Interest
The New Motor Highway to Miyanoshita Opened　66
Trans-Siberian Travellers Benefited　67
Circular Trip Tickets can Be Obtained at the Japan Tourist Bureau 67
Kanda-Uyeno Line will Be Opened Soon　67
The Tourist's Calendar　68
Sailing List for U.S.A. & Canada　69
Sailing List Canada & U.S.A. to Japan & China　70
Sailing List London & Marseilles to China & Japan　71
Sailing List Japan & China to Marseilles & London　72
Through Service West of Tokyo : Up Train　73
Through Service West of Tokyo : Down Train　74

Connecting Service between Japan and China 75
Principal Connecting Steamer Lines 76

第 13 巻第 6 号 大正 14（1925）年 11 月発行（第 75 号）

ジャパン・ツーリスト・ビューロー本部支部案内所並代理店
ジャパン・ツーリスト・ビューロー（目的 現況 組織と事業）
◆広告
富士五湖めぐり、香取鹿島めぐり、房総半島めぐり、遊覧券／東京三越及松屋内、大阪三越及大丸内 案内所新設（ジャパン・ツーリスト・ビューロー）
日本国際観光局
◆広告
海外旅行斡旋／『東京より紐育へ』／『東京より倫敦へ』／『英文支那案内』／『英文北京地図』（ジャパン・ツーリスト・ビューロー）
◆扉
時事雑感 〔猪股忠次〕 2
〈短歌〉破扇集 〔若月保治（紫蘭）〕 8
莫斯科《モスクワ》だより（1） シベリア鉄道 〔T･O〕 9
続鞄の塵（十二）〔旅狂生〕 11
ウヰンタースポーツ所見 〔河本禎助〕 13
〈短歌〉子を失ひし人に 〔長岡とみ子〕 19
ツーリストの日本観〔マツカーストリー夫妻／ジー・ビー・ワトキンス／ベルシー・マンデリー／エツチ・スペンサーシー・ジー・モートン〕 20
ホテルの語義そのほか 〔杉田六一〕 24
ホテル通義（十一） 28
〈短歌〉流れ雲 〔大西しづえ〕 34
哈爾賓《ハルピン》から浦塩《ウラジオ》へ 〔C N〕 35
欧州旅行者の為めに（三） 37
チヤターボックス 43

〈写真と文〉チエツクのお稲荷様　44
ヴエスヴヰアスよりポンペイへ　世界一周旅行記の八〔小林政太郎〕　45
〈写真〉香落峡（伊賀）　54
〈写真〉天龍峡　55
北域小章（一）〔鹿瀬一良〕　56
◆会報
　ビューロー理事会　64
　種田理事欧露出張　64
　熱帯医学界に対する斡旋　64
　鮮満露視察団に対する斡旋　64
　新入会　64
　ホテル協会総会　64
　中禅寺行自動車　64
　案内所新設　65
　観劇切符発売　65
　芳千閣ホテル開業　65
　新船紹介　65
　レーモンド・ウイトカム社世界一周団来朝　65
　日本旅行倶楽部　65
　本部及直属案内所来訪外客　66
◆付録
　定山渓　後1
　筑波山　後4
◆広告
　鉄道省編纂『神まうで』『お寺まいり』／田山花袋『増補改訂温泉めぐり』『東京近郊一日の行楽』『京阪一日の行楽』『旅の話』／笹川臨風『趣味の旅史蹟めぐり』／森暁紅『日帰り一二泊気軽な旅』『一寸した話』／谷口梨花『家族連れの旅』『増訂汽車の窓から　西南部』『増訂汽車の窓から　東北部』／鉄道省編纂『スキーとスケート』（博文館）
　旅行と保険／ヤンクルート『最新欧羅巴《ヨーロッパ》交通全図』（ジャパン・ツー

　リスト・ビューロー）
『旅』（日本旅行文化協会）
茶代廃止旅館

〈英文〉

The Japan Tourist Bureau（Board of Officers / Head Office / Branch Offices / Ticket & Inquiry Offices / Inquiry Offices /Agencies Abroad）

◆欧文広告

Japan Tourist Bureau Railway Tickets
The Atchison Topeka & Santa Fe Railway
Northern Pacific Railway
Chicago, Milwaukee & St. Paul Railway
Canadian Pacific
Cunard-Anchor Line
Great Northern Railway
Canadian National Railways
White Star Line
Mackinnon, Mackenzie & Co.（Japan）Ltd.
Japanese Government Railways
Formosan Government Railway
South Manchuria Railway Co.
The Yokohama Specie Bank, Limted.
Mitsubishi Goshi Kaisha
Toyo Kisen Kaisha
N.Y.K. Line
Nisshin Kisen Kaisha
The Imperial Japanese Government Monopoly Bureau
The Hakubunkwan Printing Co., Ltd.
The Bank of Taiwan, Limted.
The Yasuda Bank, Ltd.
Mikimoto

Japan Hotel Association
Dairen Kisen Kaisha
Japan Tourist Bureau New Ticket & Inquiry Offices
Atami Hotel
Yedobuil Hotel
Traveller's Map of Japan
Bureau du Tourisme du Japon
Японское бюро для Туристовъ
◆口絵写真
The Famous View of Doro Hatcho, Kii Province
Yokohama Viewed from the Tourist Standpoint　1
New J.T.B. Ticket & Inquiry Offices in Osaka　3
New Members of the J.T.B.　4
The Chrysanthemum〔Yae-kichi Yabe〕5
Collecting〔Eisaku Waseda〕13
Motor Car Road at Nikko　21
Hosen-Kaku Hotel Opened　21
Hearn's Early Days in Japan Part II〔Setsuko Koizumi（Mrs. Hearn）〕22
O.S.K. New Boat Santos Maru　32
M.M. New S.S.D'Arthagnan　32
New Saghalien〔Tomitaro Suzuki〕33
The Sixth Congress of the F.E.A.T.M.　46
Electric Cultural Exhibition　48
The Sixth Annual Fine Arts Exhibition　51
A Week-End Trip to Ikao Hot Spring　55
Chida Peninsula　59
Sketch Map of Chiba Peninsula　60
◆ Of Tourist Interest
The Japan Young Men's Association Building　66
Yokohama Customs Pier Opened　67

Y.M.C.A. in Tokyo Begins to Rebuild　67

The Tourist's Calendar　68

Sailing List for U.S.A. & Canada　69

Sailing List Canada & U.S.A. to Japan & China　70

Sailing List London & Marseilles to China & Japan　71

Sailing List Japan & China to Marseilles & London　72

Through Service West of Tokyo : Up Train　73

Through Service West of Tokyo : Down Train　74

Connecting Service between Japan and China　75

Principal Connecting Steamer Lines　76

第14巻第1号　大正15（1926）年1月発行（第76号）

ジャパン・ツーリスト・ビューロー本部支部案内所並代理店

ジャパン・ツーリスト・ビューロー（目的　現況　組織と事業）

◆広告

富士五湖めぐり、香取鹿島めぐり、房総半島めぐり、遊覧券／東京三越呉服店内、松屋呉服店内、丸ビル鮮満案内所内、大阪三越呉服店内、大丸呉服店内、東区堺筋鮮満案内所内、下関駅前　案内所新設（ジャパン・ツーリスト・ビューロー）

日本国際観光局

◆広告

海外旅行斡旋／『東京より紐育へ』／『東京より倫敦へ』／『英文支那案内』／『英文北京地図』』／『英文北京地図』／『欧州交通地図』（ジャパン・ツーリスト・ビューロー）

◆扉

（年頭に際し謹みて皇孫殿下御生誕をことほぎまつる）

新春所感〔猪股忠次〕 2

〈短歌〉山と海〔横田葉子〕 7

莫斯科《(モスクワ)》だより（2）莫斯科の印象〔種田虎雄〕 8

続鞄の塵（十三）〔旅狂生〕 12

航空旅行に於ける旅客輸送〔テッチュ中佐〕 14
最近に於ける独逸《ドイツ》の物価〔鈴木福治〕24
欧州旅行者のために（四） 27
海外片信 32
〈写真と文〉ベルヂエンランド号（レッドスター・ライン） 33
渡日以来の感想を叙し志士の反省を求む〔ワイ・ワイ・バターフライ〕 34
〈写真と文〉朝熊山 40
米国ホテル業発達の史的瞥見〔杉田六一〕 41
米国ホテル界の近況〔福田徳二郎〕 46
ホテル通義（十二） 57
乗合遊覧自動車 63
〈詩〉ひまわり〔大西 登〕 64
杭州西湖天竺の山めぐり〔後藤朝太郎〕 66
日本旅行倶楽部記事　茶代廃止の提案 80
◆会報
ビューロー理事会 82
邦人旅客に鉄道切符発売 82
案内所新設 82
ロシヤ展に出品 82
レーモンド・ウイトカム社世界一周団に対する斡旋 83
アメリカン・エキスプレス社世界一周団来朝 83
種田理事帰朝 83
日本ホテル 83
昨年中渡来外客 83
本部及直属案内所来訪客 84
◆広告
共同印刷株式会社
博文館の旅行書類　谷口梨花『家族連れの旅』『増訂汽車の窓から　西南部』『増訂汽車の窓から　東北部』／田山花袋『旅の話』『京阪一日の行楽』『東京近郊一日の行楽』『増補改訂温泉めぐり』／森暁

紅『一寸した話』『おもしろい旅』／笹川臨風『趣味の旅史蹟めぐり』／大類 伸『増補改訂　史蹟めぐり』／鉄道省編纂『豆相温泉めぐり』『鉄道旅行案内』『スキーとスケート』『神まうで』（博文館）

『旅』／鉄道省運輸局編『汽車時間表』（日本旅行文化協会）

旅行と保険／ヤンクルート『最新欧羅巴《ヨーロッパ》交通全図』（ジャパン・ツーリスト・ビューロー）

〈英文〉

The Japan Tourist Bureau (Board of Officers / Head Office / Branch Offices / Ticket & Inquiry Offices / Inquiry Offices /Agencies Abroad)

◆欧文広告

Japan Tourist Bureau Railway Tickets
Cunard-Anchor Lines
Canadian Pacific
Northern Paacific Railway
Great Northern Railway
Canadian National Railways
Chicago, Milwaukee & St. Paul Railway
The Atchison Topeka & Santa Fe Railway
White Star Line
Mackinnon, Mackenzie & Co. (Japan)
Japanese Government Railways
Formosan Government Railway
N.Y.K. Lines
Nisshin Kisen Kaisha
Toyo Kisen Kaisha
Mitsubishi Goshi Kaisha
The Imperial Japanese Government Monopoly Bureau
The Bank of Taiwan, Limted.
The Yasuda Bank, Ltd.
The Yokohama Specie Bank, Limted.

South Manchuria Railway Co.
Mikimoto
Japan Hotel Association
Dairen Kisen Kaisha
Japan Tourist Bureau New Ticket & Inquiry Offices
Atami Hotel
Yedobuil Hotel
Japan Tourist Bureau Traveller's Map of Japan
Bureau du Tourisme du Japon
◆口絵写真
"Clearness of the River Water" : This Year's Theme for the Imperial Poetry Contest
First Words of the New Year　1
Russian Exhibition　3
The First Month of the Year : The Beginning for All Things 〔Yaekichi Yabe〕 4
The Nation Rejoices in the Birth of the Imperial Granddaughter　9
Tokyo at New Year Time 〔Madame Yukio Ozaki〕 15
The Plum Blossom in History 〔W. P. Fegen〕 27
The Trappist Nunnery in Hokkaido 〔Tomitaro Suzuki〕 35
〈詩〉New Year Song　46
A Month in North Manchuria 〔Raymond Bantock〕 47
Schools of Old Japan 〔J. R. Sugita〕 54
〈詩〉Songs of Japanese Children　59
Raymond and Whitcomb's Party　60
◆ Of Tourist Interest
Tokyo Starts Sightseeing Motor Buses　63
N.Y.K. Establishes Regular Monthly Passenger Service on Bombay Route　63
The Tourist's Calendar　64
Sailing List for U.S.A. & Canada　65

Sailing List Canada & U.S.A. to Japan & China　66
Sailing List London & Marseilles to China & Japan　67
Sailing List Japan & China to Marseilles & London　68
Through Service West of Tokyo : Up Train　69
Through Service West of Tokyo : Down Train　70
Connecting Service between Japan and China　71
Principal Connecting Steamer Lines　72

第 14 巻第 2 号　大正 15（1926）年 3 月発行（第 77 号）

ジャパン・ツーリスト・ビューロー本部支部案内所並代理店
ジャパン・ツーリスト・ビューロー（目的　現況　組織と事業）
◆広告
富士五湖めぐり、香取鹿島めぐり、房総半島めぐり、遊覧券／東京三越呉服店内、松屋呉服店内、丸ビル鮮満案内所内、大阪三越呉服店内、大丸呉服店内、東区堺筋鮮満案内所内、京都大丸呉服店内、下関駅前　案内所新設（ジャパン・ツーリスト・ビューロー）
日本国際観光局
◆広告
海外旅行斡旋／『東京より紐育へ』／『東京より倫敦へ』／『英文支那案内』／『英文北京地図』』／『英文北京地図』／『欧州交通地図』（ジャパン・ツーリスト・ビューロー）
◆扉
〈写真〉舞姫（ロシア）
時事雑感　〔猪股忠次〕　2
宿屋営業取締規則改正に関する私見　〔大塚常吉〕　6
トロツキー氏と語る　〔種田虎雄〕　19
〈短歌〉漢山の麓に旅居して〔長岡とみ子〕　24
滞米管見　〔上田辰卯〕　25
風景地雑感　〔田村 剛〕　29
復活する城崎温泉　〔龍居松之助〕　33

欧州旅行者のために（五）　37
欧州主要都市に於けるホテル料金　〔石津作次郎〕　43
満支旅行の快　〔龍王山人〕　45
趣味の人は支那へ（一）〔佐藤汎愛〕　52
東京郊外名所めぐり（一）　57
ホテル通義（十三）　62
近刊予告『旅程と費用概算』　68
観光団雑記　69
炬燵随筆　〔山口青邨〕　70
◆会報
一月理事会　75
二月理事会　75
蘇衛土《ソビエト》及西欧行乗車券発売　75
日本ホテル協会春季総会　75
世界周遊観光団に対する斡旋　75
京都案内所　76
下関案内所　76
浦藍斯徳《ウラジオストク》代理店　76
新宿、両国案内所　77
費　府《フィラデルフィア》　博覧会場内案内所　77
博覧会行邦人客斡旋　77
日光ホテル焼失　77
フランコニア号観光団来朝　77
本部及直属案内所来訪客　78
◆付録
香取鹿島まうで　水郷めぐり　後1
◆広告
博文館の旅行書類　谷口梨花『家族連れの旅』『増訂汽車の窓から　西南部』『増訂汽車の窓から　東北部』／田山花袋『旅の話』『京阪一日の行楽』『東京近郊一日の行楽』『増補改訂温泉めぐり』／森暁紅『一寸した話』『おもしろい旅』／笹川臨風『趣味の旅史蹟めぐり』

／大類 伸『増補改訂　史蹟めぐり』／鉄道省編纂『豆相温泉めぐり』『鉄道旅行案内』『スキーとスケート』『神まうで』（博文館）

共同印刷株式会社

『旅』／鉄道省運輸局編『汽車時間表』（日本旅行文化協会）

旅行と保険／ヤンクルート『最新欧羅巴《ヨーロッパ》交通全図』（ジャパン・ツーリスト・ビューロー）

〈英文〉

The Japan Tourist Bureau（Board of Officers /　Head Office / Branch Offices / Ticket & Inquiry Offices / Inquiry Offices /Agencies Abroad）

◆欧文広告

Japan Tourist Bureau Railway Tickets

Canadian Pacific

Northern Pacific Railway

Santa Fe Trains

Cunard-Anchor Lines

Chicago, Milwaukee & St. Paul Railway

Great Northern Railway

Canadian National Railways

White Star Line

Mackinnon, Mackenzie & Co.（Japan）Ltd.

Japanese Government Railways

Formosan Government Railway

N.Y.K, Line

Nisshin Kisen Kaisha

Toyo Kisen Kaisha

Mitsubishi Goshi Kaisha

The Imperial Japanese Government Monopoly Bureau

The Bank of Taiwan, Limted.

The Yasuda Bank, Ltd.

The Yokohama Specie Bank, Limted.

South Manchuria Railway Co.
Mikimoto
Japan Hotel Association
Dairen Kisen Kaisha
Commercial Japan
Atami Hotel
Yedobuil Hotel
Nikko & Co.
Bureau du Tourisme du Japon
◆口絵写真
Cherry Blossoms in the Rain
Japan As a Tourist Land 1
Collecting : Second Article 〔Eisaku Waseda〕 7
Riverine Recreations of Yedo and Tokyo 〔J. S. Happer〕 13
〈詩〉The Cherry 20
Japanese Porcelains 〔K. Fukui〕 21
A Glimpse of Ancient Korea 〔W. H. Bower〕 40
A Trip to Kusatsu 〔Raymond Bantock〕 55
Belgenland Tourist Party 66
Children's Exhibition Opened at Ueno Park 69
◆ Of Tourist Interest
Amalgamation of the N.Y.K. and the T.K.K. 71
Trains to Stop at Shimbashi Station 71
Silk Warehouse Opens on April 1 71
The Tourist's Calendar 72
Through Service West of Tokyo : Up Train 73
Through Service West of Tokyo : Down Train 74
Connecting Service between Japan and China 75
Principal Connecting Steamer Lines 76

第 14 巻第 3 号 大正 15（1926）年 5 月発行（第 78 号）

ジャパン・ツーリスト・ビューロー本部支部案内所並代理店
ジャパン・ツーリスト・ビューロー（目的 現況 組織と事業）
◆広告
富士五湖めぐり、香取鹿島めぐり、房総半島めぐり／費府《フィラデルフィア》万国博覧会（ジャパン・ツーリスト・ビューロー）
日本国際観光局
◆広告
海外旅行斡旋／『東京より紐育へ』／『東京より倫敦へ』／『英文支那案内』／『英文北京地図』／『英文北京地図』／『欧州交通地図』（ジャパン・ツーリスト・ビューロー）
◆扉
〈写真〉夏来る
時事雑感 〔猪股忠次〕 2
続鞄の塵（十四）〔旅狂生〕 6
支那に対する私の第一印象 〔植原悦二郎〕 8
〈俳句〉春の山春の川 〔山口青邨〕 15
蘇衛土《ソビエト》の教育 〔種田虎雄〕 16
満洲所感 〔二村光三〕 21
〈短歌〉早春の譜 〔大西しづえ〕 26
霧社と日月潭 〔山中忠雄〕 27
東京郊外名所めぐり（二） 34
欧羅巴でどこを見物したらよいか―欧州旅行者のために（六）― 39
海外片信 46
伊太利《イタリー》をあとに埃及《エジプト》へ 世界一周旅行記の九 〔小林政太郎〕 47
〈短歌〉一所一首 〔牧野英一〕 55
西伯利亜《シベリア》経由東京より倫敦《ロンドン》へ 56
瑞西《スイス》国のホテル業 〔杉田六一〕 59
ホテル通義（十四） 65
〈詩〉五月 70
追憶三題 〔藤崎俊茂〕 71

◆会報

ビューロー理事会　78

新設案内所　78

フランコニア号世界一周団に対する斡旋　78

グレー氏団及ジレスピー団に対する斡旋　78

西欧連絡切符　78

新入会　78

ロシヤ展覧会に出品　78

支那鉄道代表者と懇談　79

西伯利亜《シベリア》行旅客漸増　79

ビューロー近刊　79

クック主催邦人世界一周団募集　79

ビューロー本部及直属案内所来訪客　82

◆広告

共同印刷株式会社

博文館の旅行書類　谷口梨花『家族連れの旅』『増訂汽車の窓から　西南部』『増訂汽車の窓から　東北部』／田山花袋『増補改訂温泉めぐり』／大類 伸『増補改訂　史蹟めぐり』／笹川臨風『趣味の旅史蹟めぐり』／大町桂月『訂正改版　山水めぐり』／田中阿歌麿『湖沼めぐり』／田山花袋『京阪一日の行楽』『東京近郊一日の行楽』（博文館）

『旅』／鉄道省運輸局編『汽車時間表』（日本旅行文化協会）

旅行と保険／ヤンクルート『最新欧羅巴《ヨーロッパ》交通全図』（ジャパン・ツーリスト・ビューロー）

〈英文〉

The Japan Tourist Bureau (Board of Officers / Head Office / Branch Offices / Ticket & Inquiry Offices / Inquiry Offices /Agencies Abroad)

◆欧文広告

Japan Tourist Bureau Railway Tickets

Santa Fe Trains

Northern Pacific Railway
Chicago, Milwaukee & St. Paul Railway
Great Northern Railway
Cunard-Anchor Lines
Canadian National Railways
Canadian Pacific
White Star Line
Mackinnon, Mackenzie & Co.（Japan） Ltd.
Japanese Government Railways
Formosan Government Railway
Nisshin Kisen Kaisha
N.Y.K. Line
The Bank of Taiwan, Limted.
The Imperial Japanese Government Monopoly Bureau
The Yasuda Bank, Ltd.
The Yokohama Specie Bank, Limted.
Mitsubishi Goshi Kaisha
South Manchuria Railway Co.
Mikimoto
Japan Hotel Association
Dairen Kisen Kaisha
Commercial Japan
Atami Hotel
Yedobuil Hotel
Nikko & Co.
Bureau du Tourisme du Japon
Japan Tourist Bureau　Shing Tai & Co.
◆口絵写真
Wistaria Flowers Drooping Down Over Water
Japan in Summer　1
〈詩〉The Wistaria　3

Guide to Taiwan　4
The Story of Saiyuki〔C. Okada〕24
〈詩〉The Lark　33
Nature's Influence on Japan　34
A Trip to Japan by an American　43
A Voyage Out by a Hugo Stinnes' Liner〔A.R. Paget〕48
〈詩〉The Iris　57
A Trip to Kinosaki, Misasa and Matsue〔S.F.〕58
Tourist Rush to Japan　69
Tourists and Chinese Railways　74
◆Of Tourist Interest
Through Tickets to Europe via Siberia Will Be Issued by the J.T.B.　76
New Building of the Tokyo Y.M.C.A.　76
N.Y.K. Takes Over Liner Taiyo Maru　76
News Broadcasting Station Is Planned　77
Japanese Exhibits Sent to Exposition　77
The Tourist's Calendar　June, July　78
Sailing List for U.S.A. & Canada　79
Sailing List Canada & U.S.A. to Japan & China　80
Sailing List London & Marseilles to China & Japan　81
Sailing List Japan & China to Marseilles & London　82
Through Service West of Tokyo : Up Train　83
Through Service West of Tokyo : Down Train　84

第14巻第4号　大正15（1926）年7月発行（第79号）

ジャパン・ツーリスト・ビューロー本部支部案内所並代理店
ジャパン・ツーリスト・ビューロー（目的　現況　組織と事業）
◆広告
富士五湖めぐり、香取鹿島めぐり、房総半島めぐり、箱根めぐり／

費府《フィラデルフィア》万国博覧会（ジャパン・ツーリスト・ビューロー）
日本国際観光局
◆広告
海外旅行斡旋／『東京より紐育へ』／『東京より倫敦へ』／『英文支那案内』／『英文北京地図』／『英文北京地図』／『欧州交通地図』（ジャパン・ツーリスト・ビューロー）
◆扉
〈写真〉木瓜（台湾）
時事雑感 〔猪股忠次〕 2
〈俳句〉初夏閑居 〔矢島世味〕 5
ツーリスト事業の将来 〔井上匡四郎〕 6
平井晴二郎氏を悼む 〔猪股忠次〕 8
続鞄の塵（十五）〔旅狂生〕 10
ソビエットの新聞紙に就て 〔種田虎雄〕 12
ホテル通義（十五） 17
新刊紹介　田島勝太郎『山行記』 22
エモリ・アー・ジヨンソン 23
〈短歌〉夏の妙義山 〔横田葉子〕 25
巴里《パリ》より莫斯科《モスクワ》へ 〔スウエルチコフ〕 26
日光湯の湖の鱒釣り 〔猪股忠次〕 28
〈写真と文〉涼味の山水（犬吠岬／瀞峡／浅間山／筑波山／恵那峡／白馬嶽／耶馬渓／富士山麓めぐり／天龍峡／高千穂／北条／相模川下り／飛騨の白川／蒲郡／香取鹿馬まうで／瀞峡） 31
東京郊外名所めぐり（三） 47
〈詩〉晴れた朝 〔大西 登〕 52
コルシカ島山中の一夜 〔池野成一郎〕 53
ツーリスト・ノート 59
川狩 〔山口青邨〕 60
◆会報
五月理事会　65
六月理事会　65

第十五回総会　65
ビューロー事業計画　67
新設案内所　67
夏期臨時案内所　68
費府《フィラデルフィア》博覧会より　68
箱根遊覧券発売　68
逗子ホテル　68
平井名誉会員逝去　68
アート・クラフト・ギルド団　68
本年十一月より来年四月にかけて次の世界周遊団が来朝　68
ビューロー本部及直属案内所来訪客　70
◆付録
阿里山（ああいりそあ）　台南州嘉義郡管内　後1
◆広告
共同印刷株式会社
松川二郎『民謡をたづねて』（博文館）
『旅』／鉄道省運輸局編『汽車時間表』（日本旅行文化協会）
旅行と保険／ヤンクールト『最新欧羅巴《ヨーロッパ》交通全図』（ジャパン・ツーリスト・ビューロー）

〈英文〉

The Japan Tourist Bureau (Board of Officers / Head Office / Branch Offices / Ticket & Inquiry Offices / Inquiry Offices /Agencies Abroad)
◆欧文広告
Japan Tourist Bureau (Philadelphia Exposition, Summer Extension)
Canadian National Railways
Cunard-Anchor Lines
Great Northern Railway
Chicago, Milwaukee & St. Paul Railway
Northern Pacific Railway
Canadian Pacific

Santa Fe Trains
White Star Line
Mackinnon, Mackenzie & Co.（Japan）,Ltd.
Japanese Government Railways
Formosan Government Railway
South Manchuria Railway
Mitsubishi Goshi Kaisha
The Yokohama Specie Bank, Limted.
The Yasuda Bank, Ltd.
The Imperial Japanese Government Monopoly Bureau
The Bank of Taiwan, Limted.
Nisshin Kisen Kaisha
N.Y.K. Line
Mikimoto
Japan Hotel Association
Dairen Kisen Kaisha
Atami Hotel
Yedobuil Hotel
Nikko & Co.
Japan Tourist Bureau New Ticket & Inquiry Offices
Bureau du Tourisme du Japon
Японское бюро для Туристовъ
◆口絵写真
Five-storied Pagoda and Saruzawa Pond at Nara
The Charms of the Far East　1
Annual General Meeting of the J.T.B.　4
Dr. S. Hirai Passes Away　4
Summer Pastimes : The Rhine and the Switzerland in Japan 〔Yaekichi Yabe〕 5
A Trip Round the Base of Mt. Fuji 〔W. H. Bower〕 12
Something About Ayu 〔Chiyomatsu Ishikawa〕 28

Japanese Ships ; Past and Present〔F. P. Purvis〕 33
The Story of Saiyuki, Part II 〔C. Okada〕 49
The Japanese Theatre in Tokyo 59
Favourite Camping Resorts in Japan 65
A Memorial Tablet Presented to the Citizens of Beppu 76
◆ Of Tourist Interest
Philadelphia Exposition Opened 79
The J.T.B, Inquiry Offices at Summer Resorts 79
New Grand Hotel Building Starts on Yokohama Bund 79
Dzushi Hotel Opened 80
Takarazuka Hotel Opened 80
Boat Train Service Reopened 80
The Tourist's Calendar 81
Sailing List for U.S.A. & Canada 83
Sailing List Canada & U.S.A. to Japan & China 84
Sailing List London & Marseilles to China & Japan 85
Sailing List Japan & China to Marseilles & London 86

第14巻第5号 大正15（1926）年9月発行（第80号）

ジャパン・ツーリスト・ビューロー本部支部案内所並代理店
ジャパン・ツーリスト・ビューロー（目的 現況 組織と事業）
◆広告
富士五湖めぐり、香取鹿島めぐり、房総半島めぐり、箱根めぐり／費府《フィラデルフィア》万国博覧会（ジャパン・ツーリスト・ビューロー）
日本国際観光局
◆広告
海外旅行斡旋／『東京より紐育へ』／『東京より倫敦へ』／『英文支那案内』／『英文北京地図』／『英文北京地図』／『欧州交通地図』（ジャパン・ツーリスト・ビューロー）
◆扉

〈写真〉秋霧深し
時事雑感 〔猪股忠次〕 2
続鞄の塵（十六）〔旅狂生〕 6
観光客誘致とホテル 〔杉田六一〕 10
ポスターに就て 〔杉浦非水〕 23
ホテル通義（十六） 29
四川の旅より 〔後藤朝太郎〕 34
ソヴエートの演劇 〔種田虎雄〕 35
十和田湖 〔田村 剛〕 44
ノートの断片（八月） 49
〈写真〉費府《フィラデルフィア》博覧会画報 51
JTB・チエツク 56
〈短歌〉旅の歌 〔長岡とみ子〕 57
〈写真と文〉八丈島 〔鹿瀬一良〕 58
〈写真と文〉若きカデーテンの群 60
〈写真と文〉妙義山 61
食堂車物語 〔大塚常吉〕 62
◆会報
早速名誉会員逝去 77
七月理事会 77
八月理事会 77
会員代表変更 77
紐育《ニューヨーク》代理店 77
大連支部案内所 77
費府《フィラデルフィア》博覧会場内案内所 77
温泉臨時案内所 78
軽井沢臨時案内所 78
汎太平洋学術会議 78
旅行手形 78
ハムブルグ号乗組員に対する斡旋 78
第百銀行旅行信用状取扱開始 78

七月中滞在外客数調　78
ホテル協会秋季総会　79
神田案内所　79
本年上半期間中渡来外人　79
ビューロー近刊　79
本部及直属案内所来訪客数　79
清野名誉会員逝去　79

◆広告

共同印刷株式会社
日本放送協会関東支部編『ラヂオ講演集』（博文館）
『旅』／鉄道省運輸局編『汽車時間表』（日本旅行文化協会）
旅行と保険／ヤンクールト『最新欧羅巴《ヨーロッパ》交通全図』（ジャパン・ツーリスト・ビューロー）
『旅』／鉄道省運輸局編『汽車時間表』（日本旅行文化協会）

〈英文〉

The Japan Tourist Bureau (Board of Officers / Head Office / Branch Offices / Ticket & Inquiry Offices / Inquiry Offices /Agencies Abroad)

◆欧文広告

Japan Tourist Bureau (Philadelphia Exposition, a Travel Exhibition)
Northern Pacific Railway
Canadian Pacific
Santa Fe Trains
Great Northern Railway
Chicago, Milwaukee & St. Paul Railway
Cunard-Anchor Lines
Canadian National Railways
White Star Line
Mackinnon, Mackenzie & Co. (Japan) Ltd.
Japanese Government Railways
N.Y.K. Line

South Manchuria Railway Co.
Mitsubishi Goshi Kaisya
The Bank of Taiwan, Limted.
The Imperial Japanese Government Monopoly Bureau
Nisshin Kisen Kaisya
Formosan Government Railway
The Yokohama Specie Bank, Limted.
The Yasuda Bank, Ltd.
Mikimoto
Japan Hotel Association
Dairen Kisen Kaisya
Atami Hotel
Yedobuil Hotel
Nikko & Co.
Japan Tourist Bureau New Ticket & Inquiry Offices
Bureau du Tourisme du Japon
Японское бюро для Туристовъ
◆口絵写真
Momiji-Bashi "Maple Bridge" at Shiobara Spa
H.R.H. Prince Gustavus Adolphus Interested in Japanese Antiquities 1
Landscape Gardening in Japan, Part I〔Eisaku Waseda〕 3
Something About Ayu, Part II 〔Chiyomatsu Ishikawa〕 9
Japanese Ships : Past and Present〔F. P. Purvis〕17
Murakami Kiken : A Story of Bushido 〔C. Okada〕 32
New Zealand for the Traveller : A Land of Wonders : Its Geysers, Lakes, Alps and Fiords 〔James Cowan〕 42
〈詩〉Kegon Waterfall 49
Way Down East : An Inquiry into the Origin of the Japanese Race 〔C. Odaka〕 50
A Trip to Vladivostok : and Breif Survey of Its Educational System Part I 〔Raymond Bantock〕 54

Madame Herriot Visite Le Japon（仏語記事） 62
◆ Of Tourist Interest
A Travel Exhibition　64
Change of the J.T.B.　Agency in New York　64
Interchange Agreement of S.S.Companies　64
Hakone Hotel Reopened　64
The Tourist Calendar　65
Sailing List for U.S.A. & Canada　67
Sailing List Canada & U.S.A. to Japan & China　68
Sailing List London & Marseilles to China & Japan　69
Sailing List Japan & China to Marseilles & London　70
Through Service West of Tokyo : Up Train　71
Through Service West of Tokyo : Down Train　72

第14巻第6号　大正15（1926）年11月発行（第81号）

ジャパン・ツーリスト・ビューロー本部支部案内所並代理店
ジャパン・ツーリスト・ビューロー（目的　現況　組織と事業）
◆広告
富士五湖めぐり、香取鹿島めぐり、房総半島めぐり、箱根めぐり／米国観光団募集（ジャパン・ツーリスト・ビューロー）
日本国際観光局
◆広告
海外旅行斡旋／『東京より紐育へ』／『東京より倫敦へ』／『英文支那案内』／『英文北京地図』／『英文北京地図』／『欧州交通地図』（ジャパン・ツーリスト・ビューロー）
◆扉
時事雑感　〔猪股忠次〕 2
続鞄の塵（十七）〔旅狂生〕 8
就任に際して　〔八田嘉明〕 10
〈俳句〉零餘子飯　〔山口青邨〕 12

レーニングラード 〔種田虎雄〕 13
〈写真〉レーニングラード所見 16
〈短歌〉秋雨 〔横田葉子〕 21
ホテルの労資協調 〔大塚常吉〕 22
ホテル通義（十七） 28
海上大学船 37
マイアミ行の思出 〔武田円治〕 38
新刊紹介 野田良治『ブラジル人国記』（博文館）／後藤朝太郎『支那の田舎めぐり』『歓楽の支那』（北隆館）／九州山岳会『久住登山案内』／吉野美矩『東京案内』 48
台湾一瞥 〔雪帆生〕 49
日本デー 53
欧州旅行者の為に（七） 欧羅巴《ヨーロッパ》でどこを見物したらよいか 54
十月時事 60
〈写真と文〉山清路と登波離橋 61
鹿野山 〔関野房夫〕 62
◆会報
会長更迭 69
十月理事会 69
林理事辞任 69
汎太平洋学術会議見学旅行 69
リンダム号学生団に対する斡旋 69
東洋赤十字社大会 70
カリンシア号観光団 70
神田駅内案内所 70
費府《フィラデルフィア》案内所盛況 70
ホテル協会総会 70
遭難旅客に対する追悼 70
外国文案内 70
米国観光団募集 71
懸賞英文に就て 71

遊覧切符　71
本部及直属案内所来訪客数　71
編輯後記　72
◆広告
松川二郎『趣味の旅　名物をたづねて』／松川二郎『趣味の旅　民謡をたづねて』／斎藤隆三『趣味の旅　古社寺をたずねて』（博文館）
共同印刷株式会社
旅行と保険／ヤンクールト『最新欧羅巴《ヨーロッパ》交通全図』（ジャパン・ツーリスト・ビューロー）
『旅』／鉄道省運輸局編『汽車時間表』（日本旅行文化協会）

〈英文〉

The Japan Tourist Bureau (Board of Officers / Head Office / Branch Offices / Ticket & Inquiry Offices / Inquiry Offices /Agencies Abroad)
◆欧文広告
Japan Tourist Bureau (Philadelphia Exposition, a Travel Exposition)
Chicago, Milwaukee & St. Paul Railway
Cunard-Anchor Lines
Canadian National Railways
Great Northern Railway
Northern Pacific Railway
Santa Fe Trains
Canadian Pacific
White Star Line
Mackinnon, Mackenzie & Co. (Japan) Ltd.
Japanese Government Railways
One Hundredth Bank, Ltd.
The Bank of Taiwan, Limted.
The Imperial Japanese Government Monopoly Bureau
The Yokohama Specie Bank, Limted.
The Yasuda Bank, Ltd.

Formosan Government Railway
Nisshin Kisen Kaisya
South Manshuria Railway
Mitsubishi Goshi Kaisha
Chosen Railways
N.Y.K. Line
Mikimoto
Japan Hotel Association
Dairen Kisen Kaisha
Atami Hotel
Япochck Ъюро Аля Туристоbъ
Nikko & Co.
Japan Tourist Bureau New Ticket & Inquiry Offices
Bureau du Tourisme du Japon
◆口絵写真
Water and Mountain, A View of the Ropposeki Rocks, Lake Towada
Japanese Winter 1
Four Woman Who Blazed the Trail in Modern Japan〔Edith de Garis〕 3
The Third Pan-Pacific Science Congress 20
A Tour of Lake Towada and Vicinity 〔A. R. Paget〕 30
〈詩〉Lake Biwa 50
A Trip to Vladivostok : and Breif Survey of Its Educational System Part II〔Raymond Bantock〕 51
Ski-ing in the Japan Alps 〔N. J.〕 59
Two Days in Oshima 〔Kadzuo Yamada〕 65
The Seventh Annual Fine Arts Exhibition 72
◆ Of Tourist Interest
D. K. K. Commence Issuing Party Return Tickets with Reduction 76
J. T. B. Issue Exchange Orders of the Harada Steamship Co. 76
Removal of the Office of the Dollar Steamship Line 76

The Outer Garden of the Meiji Shrine Opened 76
Tokyo May Become World's 3rd City in Point of Population 77
The Tourist Calendar 78
Sailing List for U.S.A. & Canada 81
Sailing List Canada & U.S.A. to Japan & China 82
Sailing List London & Marseilles to China & Japan 83
Sailing List Japan & China to Marseilles & London 84
Through Service West of Tokyo : Up Train 85
Through Service West of Tokyo : Down Train 86
Connecting Service between Japan and China 87
Connecting Service between Japan and Manchuria 88

ジャパン・ツーリスト・ビューロー

ツーリスト

公益財団法人日本交通公社

［総監修］旅の図書館　［監修］荒山正彦

ジャパン、ツーリスト、ビューロー

會則摘錄

第一章 總則

第二章 事業

第十二條 本會ニ於テ經營スヘキ事業ノ概目左ノ如シ。

一、交通業者「ホテル」外人關係商店等漫遊外人ニ直接關係アル営業者ノ業務上ニ於ケル改良ヲ圖リ且ツ相互営業上ノ連絡利便ヲ増進スルコト

二、外國ニ我邦ノ風景事物ヲ紹介シ且ツ外人ニ對シテ旅行上必要ナル各種ノ報道ヲ與フルノ便ヲ開クコト

三、我邦ニ於ケル漫遊外人旅行上ノ便宜ヲ増進シ且ツ關係業者ノ弊風ヲ矯正スルコト

四、以上各項ノ外第一條ノ目的ヲ達スル爲メ必要ナル各種ノ施設ヲ爲スコト

The Japan Tourist Bureau

Board of Officers

PRESIDENT

S. Furukawa, Esq.

SUPERINTENDENTS OF BRANCHES

Dr. R. Nomura, (Dairen)　Dr. G. Ōya (Seoul)

K. Uchida, Esq. (Taipeh)

MANAGING DIRECTORS

R. Daidō, Esq　A. Hayashi, Esq　T. Hayashi, Esq

Y. Kinoshita, Esq.　M. Shiraishi, Esq.

DIRECTORS

O. Hibi, Esq.　K. Hori, Esq.

T. Mimoto, Esq.　S. Numoto, Esq.

GENERAL MANAGER

D. Shōno, Esq.

SECRETARIES

S. Mikami, Esq.　J. Nakamura, Esq.

Offices, Branches, and Agency

Head Office, Imperial Government Railways Building, Tōkyō

Dairen Branch Office, South Manchuria Railway Building, Dairen

Chōsen Branch Office, Chōsen Railway Building, Seoul

Taipeh Branch Office, Formosan Railway Hotel Building, Taipeh

Yokohama Inquiry Office, 73, Yamashita-chō, Yokohama

Kōbe Inquiry Office, 2, Itchōme, Kaigan-dōri, Kōbe

Shimonoseki Inquiry Office, San-yō Hotel Building, Shimonoseki

Nagasaki Inquiry Office, 4, Ōura, Nagasaki

Fusan Inquiry Office, Fusan Station Building, Fusan, Chōsen

Nandaimon Inquiry Office, Nandaimon Station Building, Seoul

Port Arthur Inquiry Office, Yamato Hotel Building, Port Arthur

Mukden Inquiry Office, Yamato Hotel Building, Mukden

Changchun Inquiry Office, Yamato Hotel Building, Changchun

Bureau of Travel (Japan Society), Hotel Astor Building, New York

THE TOURIST

A MAGAZINE DEVOTED TO THE INTERESTS OF FOREIGN TOURISTS

Vol. 5　No. 23

大正篇　別巻

解説・総目次

ゆまに書房

刊行にあたって

荒山正彦

日本における旅行関連の印刷出版物の歴史は長く、その種類は多様である。江戸や京の案内書は近世においてすでに数多く出版されており、東海道をはじめとする街道の地図と『道中記』、そして『名所図会』などもさまざまに出版されてきた。開国後の明治期を迎え、旅行ための移動方法は徒歩から鉄道へと移り変わった。そして鉄道を用いた旅行が一般的となるにつれて、いわゆる『鉄道旅行案内書』の刊行が多くみられるようになる。また船舶を用いた海外への旅行も次第に盛んになり、旅行の空間は日本各地から外地や植民地へ、さらには世界の各地へと拡大していった。近代にはこうした旅行空間の拡大に伴い、旅行に関連した印刷出版物もさらにその種類を増やしていった。

他方で明治期を迎えると、日本国内の旅行は外国人旅行者に対しても次第に開かれていった。明治二〇年代になると、外客の誘致を目的とした政府主体の機関である「喜賓会」が設置されることとなる。そして、喜賓会の外客誘致事業を引き継ぐ形で、一九一二（明治四五）年にはジャパン・ツーリスト・ビューローが創設された。創設当初のジャパン・ツーリスト・ビューローでは、日本を旅行する外国人の斡旋を主な業務としたが、日本人旅行者への斡旋も次第に行なわれるようになった。

今回復刻される『ツーリスト』は、ジャパン・ツーリスト・ビューローによって、創設の翌一九一三（大正二）年六月に創刊された旅行雑誌である。同誌は、一九三六（昭和一一）年六月までの二三年間に全一八九号が刊行された。

創刊年から一九二七（昭和二）年までは隔月で発行され、一九二八（昭和三）年からは月刊誌として発行された。創刊当初は一号あたり五〇～八〇ページほどであったが、やがて一〇〇ページを越え、創刊数年後にはコンスタントに一五〇ページ前後で発行は続けられ、一九三三（昭和八）年頃からは再び一〇〇ページ前後となった。創刊号の表紙は、富士山と桜草がデザインされているが、これは三越呉服店（百貨店）の雑誌『三越』などで図案を担当していた杉浦非水によるものである。

『ツーリスト』は、創刊時においては日本語のみの雑誌であったが、後に英文ページが加わり、ジャパン・ツーリスト・ビューローが旅行斡旋の対象としていた「外客」も読者として想定されることとなった。雑誌の記事内容は、例えば日本各地や外地・植民地への旅行案内、旅行状況の解説、観光にかかわるさまざまな統計類、観光政策の提言など、多岐にわたる。旅行を宣伝し楽しむばかりではなく、同時代の旅行状況をとりまくさまざまな事柄を俯瞰するような定期刊行雑誌であった。以上のように雑誌『ツーリスト』は、一九一〇年代から三〇年代にかけての日本の旅行史にとって、欠くことのできない重要な印刷出版物となっている。

ところで今回の復刻では、「第Ⅰ期　大正篇」として大正二年の創刊号から大正一五年の第八一号までが復刻され、続く「第Ⅱ期　昭和篇」では、昭和二年の第八二号から昭和一一年の第一八九号までが復刻の対象とされる。二〇一七年にはじまる今回の『ツーリスト』全号復刻は、二〇二一年までの足かけ五年間をかけて行われる。全号が復刻されるのはもちろん初めてのことである。

すでに述べたように、雑誌『ツーリスト』は近代における日本の旅行史を読み解くためには欠かせない資料であるが、その利用と閲覧は容易ではなかった。たとえば国会図書館などの公共図書館と大学図書館には、『ツーリスト』全一八九号を揃えるところはなく、全号を通覧するためには、複数の図書館への資料調査が求められた。ただこうし

た状況のなかで、ジャパン・ツーリスト・ビューローの後継機関である公益財団法人日本交通公社では、「旅の図書館」を設置し、『ツーリスト』全一八九号を端末のコンピュータによって画面上で閲覧することが可能となっていた。デジタルデータを通しての資料調査は、キーワード検索には大きな力を発揮するが、雑誌の全体を広く眺めるような調査にはやや不便であった。

今回の『ツーリスト』全号の復刻では、この「旅の図書館」が所有するデジタルデータの提供を受けることで実現した。創設間もないジャパン・ツーリスト・ビューローによって創刊され、二〇年あまりにわたり多くの時間とエネルギーが注がれ刊行された『ツーリスト』全号が、印刷出版物としてふたたび刊行されることに、今回の復刻の大きな意義があると考える。なお、今回の復刻が進行する二〇一八年には、「旅の図書館」が開設四〇周年を迎えることも附記しておきたい。

（あらやま・まさひこ　関西学院大学教授）

凡　例

・本企画では、一九一二（明治四五）年に創立された、ジャパン・ツーリスト・ビューロー刊行の雑誌『ツーリスト』の大正期（第1号〜第81号）までを復刻刊行した。本書は、別巻として、解説、大正期（第1号〜第81号）の目次を収録する。

・本企画の実現に当たっては、公益財団法人日本交通公社　旅の図書館所蔵の、『ツーリスト』の画像データの提供をいただいた。ここに記して深甚の謝意を表する。

目次

『ツーリスト』とビューローによる大正期の印刷出版物　荒山正彦　3

「賓」から「ツーリスト」へ——木下淑夫とジャパン・ツーリスト・ビューロー　山口　誠　12

ジャパン・ツーリスト・ビューローと『ツーリスト』　福永香織　24

旅の図書館と雑誌『ツーリスト』　大隅一志　30

ジャパン・ツーリスト・ビューロー
『ツーリスト』大正篇
総目次　1

ジャパン・ツーリスト・ビューロー

ツーリスト

大正篇

別巻

『ツーリスト』とビューローによる大正期の印刷出版物

荒山正彦

はじめに

ジャパン・ツーリスト・ビューロー『ツーリスト』大正篇・全二四巻は、公益財団法人日本交通公社「旅の図書館」を総監修として、大正二（一九一三）年六月の創刊号から、大正一五（一九二六）年一一月までに発行された全八一号を復刻しまとめたものである。今回の復刻にあたっては、旅の図書館から画像データの提供を受けた。

この『大正篇・別巻』では、第一号から第八一号までの総目次を掲載し、あわせて四本の解説文を付した。本稿では雑誌『ツーリスト』の概要と、大正期におけるジャパン・ツーリスト・ビューローによる印刷出版物について簡単に整理をしておきたい。

1　『ツーリスト』とジャパン・ツーリスト・ビューローの旅行雑誌

雑誌『ツーリスト』は、ジャパン・ツーリスト・ビューロー（以下、ビューロー）の「会報」という位置づけで、

ビューロー創設翌年の大正二（一九一三）年六月に創刊された。第一号と第二号は和文欄のみの雑誌であったが、第三号以降には *The Tourist* というタイトルの英文欄が設けられ、昭和六（一九三一）年六月の第一八九号まで縦組みの和文欄と横組みの英文欄とが合本された形で発行が継続された。

昭和六（一九三一）年七月の第一九〇号からは和文欄が廃止され、英文欄のみの雑誌 *The Tourist* となり、さらに昭和一六（一九四一）年五月には *Tourist and Travel News* と改題され、昭和一八（一九四三）年四月まで発行は続けられた。したがってこの雑誌は、『ツーリスト』として十八年間、後継誌 *The Tourist* として一〇年間、さらにその後継誌 *Tourist and Travel News* として二年間、計三〇年間にわたって発行されたことになる。

雑誌名が *Tourist and Travel News* に改題された昭和一六（一九四一）年八月には、機関の名称がジャパン・ツーリスト・ビューローから東亜旅行社へと改称され、さらに昭和一八（一九四三）年一二月には東亜交通公社へと改称された。

大正二（一九一三）年六月に第一号が発行された『ツーリスト』は、二ヵ月後の八月に第二号が発行され、昭和二（一九二七）年までは隔月刊（年六号）として、昭和三（一九二八）年以降は月刊誌として年十二号が発行された。創刊当初は一号あたり五〇～八〇ページほどであったが、やがて一〇〇ページを越え、コンスタントに一五〇ページ前後での発行が続けられた。和文欄が廃止された昭和六（一九三一）年以降は、ページ数も次第に減少した。

ところで、『ツーリスト』創刊から *Tourist and Travel News* 終刊までの三〇年間には、ビューローから他に二つの和文雑誌が発行されている。その一つは、ビューローの機関内に設けられた「［東京］ツーリスト倶楽部」の機関誌で、設立の昭和七（一九三二）年五月から昭和九（一九三四）年九月までの三年間に、雑誌『旅行日本』が計三〇号発行された。

また大正一三（一九二四）年、ビューローとも関わりの深い鉄道省内に、日本旅行文化協会（後に日本旅行協会へと改称）が設けられ、月刊の和文雑誌『旅』が大正一一（一九二二）年に創刊された『旅』を継承して発行されはじめた。この日本旅行文化協会（日本旅行協会）とビューローとは、活動内容や組織に重複するところも多かった。両者は昭和九（一九三四）年に合併し、あらたに「日本旅行倶楽部」が発足し、雑誌『旅』は日本旅行倶楽部から継続して発行されることとなった。

2　大正期の『ツーリスト』

大正期の『ツーリスト』は、前述のように大正二（一九一三）年六月から大正一五（一九二六）年一一月までのおよそ十四年間に計八一号が発行された。創刊の大正二（一九一三）年は年四号、関東大震災のあった大正一二（一九二三）年は年五号となったが、それ以外はコンスタントに年六号が発行され続けた。第一号は四八ページ、第二号は五〇ページと比較的薄手の冊子であったが、第三号以降には英文欄が加わりページ数は次第に増加した。和文欄、英文欄ともに一〇〇ページを越えることもあった。

初期の『ツーリスト』は、機関の「会報」として会員へ配布された。ビューロー創設期の役員と会員の名簿は第一号に掲載されており、鉄道院や南満洲鉄道などの鉄道関係者、日本郵船や大阪商船などの船舶関係者、日光ホテルなどのホテル関係者が主たるメンバーで、銀行、呉服店、劇場などの関係者も名前を連ねており、こうした会員へ向けての機関誌としてスタートがきられた。

『ジャパンツーリストビューロー　大正五年度　事業報告』（大正六年・一九一七）によると、ビューロー創設から

五年後になると、『ツーリスト』の配布先は、内地においてはビューロー役員・会員、主要ホテル、各府県、各商業会議所、大公使館、領事館、各協会、主要学校、新聞通信社、外交団体、旅行関係業者など、また海外においてはビューロー各代理店、各国大公使館、領事館、汽船、鉄道、ツーリストビューロー、寝台会社、トーマスクック、主要新聞雑誌社、各種協会、ホテル旅行倶楽部、各種ツーリスト関係業者などとされている。

『ツーリスト』第一二号（大正四〈一九一五〉年）以降の奥付には「非売品」と明記され、雑誌『ツーリスト』は、会員と一部の寄贈希望者のみへ配布されていたと考えられる。この頃の『ツーリスト』の印刷発行部数は、前掲の『ジャパンツーリストビューロー　大正五年度　事業報告』によると、第一九号から第二四号までの六号分で一万三九〇〇部が発行されたと記されている。これは一号あたりおよそ二三〇〇部となる。

しかしながら、講読の希望者が増加したことにより、第三五号（大正八年・一九一九）からは発行部数を増加させ、実費四〇銭での販売がはじめられた。翌大正九（一九二〇）年五月発行の第四三号からは、一部六〇銭、一年間六回分を三円五〇銭で販売していたことが奥付には記されている。大正九年時の一冊あたり六〇銭という価格は、現在の貨幣価値に換算するとおよそ一五〇〇〇円前後になる。

『ツーリスト』の記事内容は多岐にわたる。たとえばビューローの活動報告、外客誘致に関する取り組みの紹介、国内の観光施設を改善するための提言、外国における観光施設の紹介といった実務的なものや、日本国内の遊覧地案内、桜や紅葉の名所案内、外国の観光地紹介、台湾・満洲・朝鮮の観光地紹介などの具体的な旅行案内などが、和文欄、英文欄に掲載された。和文欄と英文欄に同一の記事が掲載される場合もあったが、それぞれ別の記事が掲載される場合もあった。こうした記事の傾向については、総目次から読み取ることができる。

また『ツーリスト』各号には、ビューローを取り巻くさまざまな出来事が記録された会報、外国人旅行者数の統計、

寄贈雑誌などが記されており、同時代の旅行そのものの姿や、旅行をとりまく社会の状況を今日に伝えている。

表紙のデザインについても触れておきたい。大正期の『ツーリスト』の表紙は、この当時三越呉服店において、雑誌の表紙やポスターデザインの仕事をしていた杉浦非水（一八七六〜一九六五）によるものである。

創刊号の表紙には富士山と桜草が描かれ、雑誌名の「ツーリスト」は右書きの横文字、そして音引きは縦線でデザインされている。この音引きが縦向きの表記は表紙の絵柄が変わっても使い続けられ、大正一〇（一九二一）年の第五二号まで続く。そして大正一一（一九二二）年の第五三号からは音引きが横向きの「ツーリスト」に改められた。

創刊号の富士山と桜草のデザインは、印刷の色が一部変更され大正五（一九一六）年まで四年にわたって用いられた。そして大正六（一九一七）年からは毎年あらたに表紙デザインが作成されている。今回、非水によってデザインされた表紙は、すべてカラー印刷によって復刻がなされている。

なおデザインを担当した非水は、『ツーリスト』の表紙のみではなく、大正二（一九一三）年に発行された英文の日本案内*JAPAN*や、ビューローによる最初の和文旅行案内書『旅程と費用概算』の表紙デザインをはじめ、ビューローの印刷出版物に数多くの仕事を残した。

3　「遊覧地案内」から『旅程と費用概算』へ

日本における旅行案内書の歴史をひもとくと、近世においてすでに数多くの名所図会や道中記が作成されており、その伝統は近代になっても継承された。明治期から大正期にかけても、旅行に関する印刷物は数多く出版された。

雑誌『ツーリスト』が創刊された大正二（一九一三）年には、鉄道院による和文の鉄道旅行案内書はすでに出版さ

れており、またこの年には全五巻からなる『英文東亜旅行案内書』*An Official Guide to Eastern Asia* の刊行がはじめられた。

このように日本では、旅行案内に関する歴史的な蓄積があるなか、『ツーリスト』においても遊覧地の案内に関する記事が創刊号から掲載され続けた。たとえば初期の号では「遊覧案内」という項目が立てられ、「松島遊覧案内」「保津川下り案内」「伊香保草津及軽井沢案内」「箱根熱海案内」「諏訪湖氷滑案内」「日光及湯本温泉案内」「山田案内」（伊勢神宮の宇治山田市）「鳥羽案内」「奈良案内」「富士登山案内」「富士山麓周遊案内」「富士川下り舟遊案内」「身延山参詣案内」などの遊覧地の案内がならぶ。

また遊覧の目的別に「紅葉の名所」「スキー」「東京近郊の桃」「さくらの名所」「避暑地」などの項目がたてられ、具体的な案内もなされた。

他方で、ビューローの案内所でのサービスとして、旅行の目的地を紹介するだけではなく、旅行者に対して実用的な情報の提供も行われてきた。そのひとつが、旅行にかかる費用の概算を提供することであった。

後述するように、ビューローから発行された案内書類の多くは、英文など和文以外のものが多かったが、大正後期には特徴的な案内書である『旅程と費用概算』が刊行された。『旅程と費用概算』は、旅行の行程案とその旅程にかかる費用の概算が記された案内書である。その旅程には、東京近郊の日帰りや一泊二日の旅行から、北海道や九州の周遊旅行、さらには台湾、朝鮮、満洲などへの長期間の旅行も含まれている。

こうした『旅程と費用概算』のスタイルは、案内書発行に先行して『ツーリスト』の記事にすでにみられる。第二号（大正二年・一九一三）の「遊覧案内」では、宮城県の松島が取りあげられているが、ここでは東京（上野）を起点として仙台、松島、塩竈などを周遊する行程案と、鉄道運賃、寝台料金、人力車の料金などの旅費が具体的に案内

されている。

このように、旅行の目的地を案内するだけではなく、旅程案を提供し、その旅費の概算を示すことが、ビューローの業務そのものでもあり、ビューローによる「旅行案内」の特徴であったということができる。

なお『旅程と費用概算』は、大正八（一九一九）年に小冊子『避暑旅程と費用概算』として発行されはじめ、翌大正九（一九二〇）年から昭和一五（一九四〇）年まで『旅程と費用概算』というタイトルで継続して発行されることとなる。

4　英文などの外国語による旅行案内

ビューロー設立の趣旨のひとつには「外国に我邦の風景事物を紹介し、且つ外人に対して旅行上必要なる各種の報道を与うる」ことがあげられている。『ツーリスト』第三号から英文欄が設けられたこともこの活動趣旨に基づいたものであった。

和文での旅行案内書『旅程と費用概算』が出版される以前から、ビューローからは英文、露文、仏文、独文、中文などによる日本旅行の案内書が出版されている。ビューローによる案内書類出版の全容を把握できる資料はみあたらないが、『ツーリスト』の会報欄をたどることである程度の状況を知ることができる。

最初の外国語による案内書は、『ツーリスト』創刊年（大正二年・一九一三）に出版された英文の日本案内*JAPAN: The Tourist's Guide to Japan* である。管見の限りにおいて、国内の図書館や資料館などには所蔵がなく、一般に閲覧の機会を得ることは難しいが、この *JAPAN* に関しては、会報欄において「英文日本案内成る」として、

一万部を「内外各関係方面」へ配布したことが記されている。その内容は、ヨーロッパから日本へのシベリア鉄道を経由した陸路、海上航路などの交通連絡、日本旅行にとって知っておきたい各種の事項、そして日本においてみるべき場所とその旅行日程が簡潔にまとめられている。また日本の内地から、台湾、朝鮮、満洲、中国への経路とそれぞれの旅行案内も併記されている。

このJAPANは、『ツーリスト』の会報欄によれば、翌大正三（一九一四）年にはさらに二万部が増刷され、同年末には装丁や内容を一新した改訂版のJAPANが四万部発行されたと記されている。

また大正四（一九一五）年にサンフランシスコで開催されたパナマ博覧会にあわせて、*Panama Fair & Fair Japan* と題した英文日本旅行案内書も出版され、『ツーリスト』の創刊と共にはじまる英文日本案内の出版は大正期を通じて継続された。

さらに、ビューローからは英文以外の外国語による日本案内、旅行地図も印刷発行された。こうした案内書類と地図の全容を把握することも容易ではないが、前掲の『ジャパンツーリストビューロー　大正五年度　事業報告』には、別表の通り、ビューロー創設から五年間の主要な発行物の一覧が掲載されている。

これらの刊行物の多くは、雑誌『ツーリスト』にその初出があり、後に単体で発行されたものも少なくない。ビューローによる印刷出版物の系譜を描く場合においても、『ツーリスト』の掲載記事に遡って検討することが必要となろう。

（あらやま・まさひこ　関西学院大学文学部教授）

別表　ビューロー創設期の５年間に発行された主要な印刷物と部数

英文松島案内地図	4,000 部	露文箱根案内地図	2,000 部
英文伊香保草津軽井沢案内地図	4,000 部	仏文日本案内	10,000 部
英文保津川下り案内地図	2,000 部		
英文大阪案内地図	3,000 部	英文京城案内	
英文静岡案内地図	2,000 部	英文朝鮮狩猟案内	
欧亜連絡ダイヤグラム	500 部	英文金剛山案内	
英文日本案内	10,000 部	露文金剛山案内	
英文日本案内（三版）	60,000 部	英文台湾案内	
折紙式英文日本案内地図	30,000 部	英文台北案内	
英文大正博覧会並東京市交通地図	10,000 部	英文星ヶ浦案内	
英文日光塩原案内地図	2,000 部	英文長春案内	
英文山田鳥羽案内地図	3,000 部	英文奉天案内	
英文富士登山案内地図	3,000 部	英文旅順案内	
英文富士山麓案内地図	2,000 部	英文大連案内	
英文東京市案内地図	10,000 部		
パナマフェーア　エンド　フェーアジャパン	30,000 部		
英文温泉案内地図	2,000 部		
英文下関門司案内地図	2,000 部		
英文奈良案内地図	3,000 部		
英文長崎案内地図	2,000 部		
英文横浜案内地図	7,000 部		
英文神戸案内地図	5,000 部		
英文伊豆半島案内地図	4,000 部		
英文日本遊覧地図	3,000 部		
英文京都案内地図	5,000 部		
折紙式英文日本案内	2,000 部		
英文列車時間表	2,000 部		
満韓青島案内	6,000 部		
英文日光案内地図	6,000 部		
英文箱根案内地図	7,000 部		
英文鎌倉江の島案内地図	4,000 部		
英文列車時間表	1,000 部		
露文日本案内地図	10,000 部		

『ジャパンツーリストビューロー大正五年度事業報告』（1917）より作成。

「賓」から「ツーリスト」へ——木下淑夫とジャパン・ツーリスト・ビューロー

山口 誠

1 「ツーリスト」という思想

一九一三（大正二）年に創刊された『ツーリスト』の誌名は、その発行主体であるジャパン・ツーリスト・ビューローの名称から一語を採ったことは明白である。

だが、そうであるならば『ツーリスト』ではなく、たとえば諸外国から訪日客を誘致する媒体として『ジャパン』、あるいは公益性の高い外交組織の機関誌として『ビューロー』でも、よかったかもしれない。それでも同誌は『ツーリスト』と名付けられ、一九四一（昭和一六）年に改題されるまで、四半世紀あまり日本の観光事業を主導するメディアとして発行され続けた。

なぜ「ツーリスト」だったのだろうか。この語には、誰の、どのような思いや想い——すなわち思想が、託されていたのだろうか。この小文では、思想としての「ツーリスト」の源流をたどり、その意味を考えてみたい。

2　ビューローの「生みの親」木下淑夫

先述のように『ツーリスト』は、同誌の創刊より一年前の一九一二（明治四五）年三月に設立されたジャパン・ツーリスト・ビューロー（以下、ビューローと記す）が発行する機関誌であり、そのビューローの「生みの親」と目されるのが、木下淑夫だった。

木下淑夫は一八七四（明治七）年九月、京都府熊野郡神野町字甲山（現在の京都府京丹後市久美浜町）に生まれ、一八九八（明治三一）年に東京帝国大学工科大学の土木工学を卒業した。木下は大学院に進学して法律と経済を学んでいたところ、指導教官の友人で逓信省鉄道作業局の長官を務めていた松本荘一郎に見出され、翌一八九九（明治三二）年二月に在学したまま鉄道作業局に入局する。

まもなく一九〇二（明治三五）年に運輸部旅客掛長、すなわち国有鉄道の営業部門の現場責任者に就任した木下は、結果として鉄道事業の難しさと魅力を知ることになる。当時、大阪・名古屋間を並走していた私鉄の関西鉄道と国有鉄道のあいだで熾烈な競争が生じていたため、木下は国有鉄道側の担当者として、運賃の値下げや便数の増発や特別列車の新設などに取り組み、旅客サービスの開発に奔走した。

これをきっかけに、もともと学究肌だった木下は本格的な鉄道事業の研究を志した。一九〇四（明治三七）年九月に休職した木下は、自費で米国のペンシルベニア大学へ留学した。

いわゆる帝大工科出身の鉄道官僚の多くが、路線の新設をはじめとする技術（ハード）分野に集中する一方で、鉄道の営業分野、なかでも乗客や貨物を獲得し維持しつつ鉄道の社会的機能を拡充していく旅客サービス（ソフト）分野に着眼した木下は、じつに異色の存在であり、そして有望な若手官僚だった。

自費で海外の大学へ旅立った木下の思いを理解した鉄道作業局は、翌一九〇五（明治三八）年に木下を復職させて公費留学に切り替え、さらに米国から欧州そしてロシアを巡り、各地の鉄道事業を実地調査する機会を提供した。そうして一九〇七（明治四〇）年一〇月に帰国した木下は、留守中に改組された帝国鉄道庁の旅客課長に就き、翌一九〇八（明治四一）年には後藤新平を初代総裁に迎えて誕生した内閣鉄道院で運輸営業部門の責任者に抜擢された。これは木下個人にとっても、そして日本の鉄道事業にとっても、重大なタイミングだったといえる。

すなわち海外視察中に国有鉄道法が施行され（一九〇六〈明治三九〉年）、日本の約九割の鉄路が国有鉄道に吸収されたうえに、満鉄で辣腕を振るった後藤新平が主導する先進的な鉄道院で、木下は日本の鉄道事業をデザインするという要職を与えられたのだった。彼は約三年間の外遊で養った国際的な学識と広い視野のもと、日本の国有鉄道の運輸営業面（先述したソフト分野）を改革していき、そして鉄道事業そのものを拡充する試みをいくつも実現していった。たとえば運賃の体系化と値下げ、特急列車や食堂車など新サービスの導入、営業所（切符窓口）の新設、そして観光列車（回遊列車）の増設などがあり、それらの詳細は鉄道史の研究が明らかにしている。先述した一九一二年のビューローの設立も、そうした鉄道事業の旅客サービスを拡充していく「木下運輸時代」の施策の一つとして位置付けることができる。

そのうえで、木下淑夫が「ツーリスト」に込めた思想を十分に理解するためには、木下が取り組んだ鉄道営業とは別の、もう一つの補助線あるいは「路線」を引いて、当時の状況を読み直す必要がある。いいかえれば鉄道史のルートに加え、観光史のルートから、木下淑夫の思想とビューローの新設の意味を読み解くことが求められる。

なお、先進的な鉄道思想の研究実践者であり、数多の雑誌に寄稿する著名な鉄道官僚でもあった木下淑夫は、後藤新平が去った後の鉄道院首脳と対立し、一九一八（大正七）年に事実上の左遷を経験する。やがて体調不良から

一九二〇（大正九）年に休職となり、一九二三（大正一二）年の関東大震災の数日後、四九歳の短い生涯を閉じた。

3　喜賓会とジャパン・ツーリスト・ビューロー

ビューローの後継組織である公益財団法人・日本交通公社の福永香織が指摘するように、鉄道史における木下淑夫の研究と評価は多くの蓄積を有するが、観光史では十分な研究成果をみるに至っていない(1)。それは木下個人の再評価が不十分な状況だけでなく、日本の観光史において看過できない空白を示している。そして観光史の視点から機関誌『ツーリスト』をはじめ、木下淑夫とビューローに関する一次資料を改めて読み込むと、通説とは異なる史実がいくつもみえてくるのである。

たとえば『日本交通公社七十年史』などの観光史の重要文献では、ビューローは喜賓会の「後継」として記述されている。喜賓会の詳細については後述するが、これは再考すべき説である(2)。

たしかに機関誌『ツーリスト』創刊号（一九一三〈大正二〉年六月）に掲載された渋沢栄一の演説にも「喜賓会は恰も陳渉呉廣が遂に漢の高祖を造り出したやうに、縦令喜賓会が微々として振はなかつたにせよ、第二の大計画を造り出したと云ふても、決して恥づべきことではないと誇り得るのである」とあり、「既往の成績甚だ不手際な喜賓会が最修《〔ママ〕》に斯う云ふ有力なるものを産んだとすれば、或は失敗も成功となるかも知れませぬと思ふて申澤」とある(3)。

ここに渋沢一流の配慮や美辞を読み解くことも可能だろうが、他方で『ツーリスト』の記事群を読み込み、その関連資料を分析すると、喜賓会の「不振」と「失敗」がビューローを産んだ、と繰り返す渋沢の言を裏付ける証拠が、いくつも浮かび上がってくる。この歴史検証の作業は現在進行中であるため、本稿では次の二点を指摘するに留めたい。

第一に、ビューローの設立（一九一二年三月）から喜賓会の解散（一九一四年三月）まで、ちょうど二年間の併存

期間があり、しかもビューローの設立の後に喜賓会が解散を決議していることから、両者はいわゆる「後継」関係ではなく、むしろビューローの「独り立ち」を見て取った喜賓会が自らの「不振」を総括し、解散するに至った、とみることができる。

第二に、ビューローの「生みの親」である木下淑夫は、その渡米留学の以前から喜賓会の会員であり、しかも評議員として同会の運営に深く関与していた。すなわちビューローの新設を着想する前から、木下は外客誘致の事業に関わっており、少なくとも喜賓会の「不振」を十分に知り得る立場にあった。

木下が喜賓会の役員を務めていたことは、観光史において慎重に検討すべき史実である。なぜなら喜賓会の実状を理解していた木下は、その会の継承や再建を選択せず、あえて新たなビューローを自ら組織した、と考えられるためである。そうしてビューローは喜賓会の「後継」ではなく、むしろ同会の「不振」と「失敗」を乗り越えるために計画された別組織であるとすると、ビューローでは何が新たに目指されたのだろうか。

近代日本の観光史においてビューローが果たした役割の大きさを考えれば、その草創期に史実の空白があることは重大な問題である。それは木下淑夫とビューローの再評価だけでなく、日本の観光史そして観光研究の広範に影響する、史実の再検討が求められていることを示している。(4)

4　喜賓会の思考

たとえば木下淑夫が一九一七（大正六）年に『ツーリスト』へ寄稿した文では、ビューローの前史として喜賓会があり、「自分なども役員として関係してゐた」ことを記したうえで、「いろいろの関係上その事業を充分発展せしむるに至らなかつた」と述懐している。(5)

ただし彼が喜賓会の会員になった時期や経緯は不詳であり、そして評議員として何を担当していたのかも述べられていない。喜賓会の資料をたどれば、遅くとも木下が米国へ旅立つ以前から十数名の評議員のリストにその名を見ることができるが、留学中の一九〇五（明治三八）年から一九〇七年ごろまで一度リストから名前が消え、そして帰国後の一九〇八年には再び評議員に就任していたことがわかる。こうして留学期間の不在をまたぐものの、木下はおよそ一〇年ものあいだ喜賓会に携わっていた。これは同会が存続した二一年間のうち、後半分にあたる。その木下がなぜ、喜賓会を「継承」せずにビューローを「新設」したのだろうか。

ビューローの場合と同様に、喜賓会の歴史も十分に研究されているとは言い難い。たとえば白幡洋三郎の『旅行ノススメ』によれば、「外国人旅行客を積極的に受け入れ、日本への来遊増加を図ろうという団体」として、渋沢栄一と益田孝が中心となって一八九三（明治二六）年三月に設立したのが喜賓会であり、会長に就任した侯爵の蜂須賀茂韶をはじめ、「西洋文化に関心をもち、欧米の先進文明導入を積極的に図ろうとする人びとによってなりたっていたのが、この会の大きな特徴の一つである」という。[6] ただし喜賓会の設立経緯にも諸説あり、渋沢と益田の主導とする説がある一方で、渋沢自身の回顧によれば蜂須賀の欧州留学中にロンドンで親交のあった南貞助が発案し、蜂須賀の助力を得て南が渋沢らに働きかけたとする説もあり、また渋沢と親交の深い井上馨が政府主導の鹿鳴館の「失敗」後に、民間主導の外客応接団体を渋沢ら財界人に設立させたとみる説もある。

その設立の経緯には不明な点が残るが、喜賓会は訪日外客の誘致と処遇を目的とした日本初の国際観光事業に特化した組織であり、欧米通の華族や有力実業家らの寄付による会員制の民間外交団体だった。喜賓会は初め帝国ホテル、のちには東京商工会議所に本部を置き、横浜や神戸に支部を開設し、日本を訪れる外国人客のために宿泊施設や通訳案内者を斡旋し、視察や遊覧や要人との面会の便宜を図り、そして案内地図や案内書を刊行するなどして、訪日外国

人の観光をさまざまに支援した。

喜賓会は営利団体ではないため、訪日外国人は喜賓会の会員になれば、上述のサービスを実質的に無償で提供されたという。その主な財源を日本側の寄付金に頼っていた善意の組織である喜賓会は、第五回勧業博覧会が開催された一九〇三（明治三六）年ごろまでの一〇年間は活発だったが、その後は失速して会勢を落としていき、不振のうちに後半の一〇年間を過ごしたと考えられる。

喜賓会の失速の原因についても諸説あるが、先述した私鉄各社の国有鉄道化によって主な法人会員の会費が激減したこと、また会の実務を担当する中心的人物が退職したこと、そして訪日外国人をほぼ無償で厚遇する善意の会員制度に支援も寄付も集まらなくなっていったこと、などが挙げられる。

とくに注目したいのは最後の要因である。日露戦争で勝利し、近代国家としての自負を強めた当時の日本では、もはや欧米から訪れる「賓」を手放しで「喜ぶ」ような旧い時代を脱し、むしろ年々増加していく訪日外国人たちに貴賓としての価値を見出せない、新たな時代に入りつつあったと考えられる。それゆえ一九〇七（明治四〇）年に喜賓会は会員制度を廃止し、寄付金に頼った会の窮状を改善しようと試みた一方で、幹事長である渋沢栄一が西園寺公望首相に面会して公金による支援を求めるなど、その再建に奔走した。しかし欧米の希少な「賓」を手弁当でもてなす善意の観光事業、という旧式の設計思想で構築された喜賓会が、再び息を吹き返すことはなかった。

こうして喜賓会が改革に着手した一九〇七年に、木下淑夫が三年間の留学を終えて帰国し、同会の評議員に復帰したことは既述した。のちに木下が『ツーリスト』へ寄せた一文によれば、このころ「渋沢子爵、益田男爵等」が「何等か別法を以て喜賓会同様の目的を達する機関を組織し、若い人たちが中心となつて大に活動して貰ひたいと林民雄君や余に話されたのが」、ビューロー設立の動機になったという。[7] 林民雄は日本郵船の専務であり、彼と鉄道院の木

下が帝国ホテルと南満州鉄道を説得し、そうして観光事業に縁深い四社が中心となって一九一二（明治四五）年三月に設立されたのが、ビューローだった。

ただしこれにも異説がある。喜賓会、とくに同会の実質的な主導者だった渋沢栄一が期待したのは、別組織の新設ではなく、喜賓会の再興あるいは継承であり、そのためにビューローの発足後も、喜賓会はしばらく存続してビューローによる遺産の相続を待ち、そして吸収合併を期待した。それでも一九一三（大正二）年一二月の役員会で喜賓会の解散が決議されると、一〇年あまり改訂を重ねてきた欧文の案内地図や案内書をはじめとする同会の貴重な財産と、同会の事務職員の引継ぎをビューローに打診したが、ビューロー側がこれを断ったという[8]。

こうしてビューローは、喜賓会を継承しなかった。むしろその「後継」となることを意図的に拒否していたとさえ見えるほどに、ビューローと喜賓会は別々の「路線」を進んでいたと考えられる。

5　「賓」から「ツーリスト」へ

喜賓会が解散した後も渋沢栄一と木下淑夫の親交は続いたこと、また渋沢はビューローの開設披露会に出席し、その後も機関誌『ツーリスト』に幾度か寄稿していることから、喜賓会とビューローは対立関係にあったとは考えられない。それゆえここで検討すべきは、喜賓会とビューローのあいだに横たわる、外客誘致に対する考え方の違いである。それは「観光」をめぐる、両者の思想の違いでもある。

上述のとおり鹿鳴館の時代に誕生した喜賓会では、欧米諸国の「賓」を無償でもてなす考え方が前提とされており、それは喜賓会の英語名称であるWelcome Society of Japanにも象徴されていた。文字通りそれは「ソサエティ」であり、日本語でいえば「会」でもあるが上流階級の「社交界」でもあった。すなわち海を越えてはるばるやってくる

「賓」を「喜」んで善意で迎える、会員制の「閉じた組織」が喜賓会だった。

これに対してビューローは、全国の国有鉄道を司る鉄道院をはじめ、日本郵船、南満州鉄道、そして帝国ホテルが呼びかけ人となって設立した非営利の業界団体であり、その他多くの観光関連産業から広く財源と人材の供出を受けて運営する公益事業だった。それゆえビューローは善意ではなく社会的責任の観点から年会費を集め、会員制の「閉じた組織」ではなく持続可能な「開かれた組織」を目指した点で、貴賓会と異なっていた。なによりも注目すべきは、貴賓会が訪日外国人を「賓」として遇したのに対し、ビューローは「ツーリスト」として扱ったことである。

すなわち「賓」から「ツーリスト」への転換が、喜賓会とビューローの違いであり、両者の「観光」をめぐる思想の決定的な相違を表している。

ここで「賓」と「ツーリスト」を対比すれば、「賓」には「ソサエティ」の会員になるための有力者の紹介や社会的地位などの資格が求められたが、「ツーリスト」にはそれらは不要である。一定のルールとマナーを守り、必要な費用を払えば、誰でも「ツーリスト」になることができた。それは民主的であり、そして商業的であるがゆえに持続可能な近代的事業の考え方だった。それゆえ少数の「賓」を対象とした喜賓会が不安定で閉じた慈善事業を続けたのに対し、「ツーリスト」を対象とするビューローには圧倒的多数の世界中の人々に対して訪日旅行を誘致するという、開かれた公益事業を期待することができた。

こうして訪日外国人を「賓」ではなく「ツーリスト」としてとらえ、その誘致を図り、彼らの利用する関連産業から財源を確実に徴収して運営されるビューローの観光事業は、およそ喜賓会とは異なる「観光」の思想によって実現されたといえる。たとえば安定した財政基盤と近代的な「観光」の思想に裏打ちされたビューローは、より計画的で広い視野に立って「ツーリスト」を生み出すための調査や提言をおこなうことができた。そうした公益事業を広める

回路の一つとして、機関誌『ツーリスト』が創刊されたのであり、さらには喜賓会とは異なる案内書の制作や、その他の新たなサービスを実現していった。

　たとえば訪日外国人の誘致から始まったビューローの活動は、やがて日本人を対象とする鉄道切符の代売やホテルの斡旋も扱うようになり、いわば外客誘致だけでなく国内観光の振興にも取り組むようになる。これは一方でビューローの収益事業の拡大を意味するが、他方では外国人だけでなく日本人も「ツーリスト」になる機会を創出していくこと、そして日本中に「ツーリスト」を生み出していくことで、より民主的で開かれた近代的活動としての「観光」を広めていくという、喜賓会にはおよそみられなかった新しい「観光」の思想をみることができる。

　少なくともビューローの「生みの親」である木下淑夫は、「観光」を単なる余暇旅行とはみなさず、より社会的価値の高い、近代的活動の一実践として考えていた。先にみたように木下は、鉄道院の運輸局長として鉄道の旅客サービスを拡充する施策に尽力した一方で、より多くの人々に鉄道の利用を促すための文筆活動にも情熱を注ぎ、雑誌『太陽』や新聞各紙などに鉄道利用の重要性を説く文章をたびたび寄稿した。既述のようにそれは鉄道事業の収益増加につながるが、そうした経営面から鉄道利用者の増加に注力したばかりではなかった。木下は「鉄道旅行と公徳」や「汽車中の共同生活」などの一般向け文章を熱心に発表し、鉄道を利用する人々に駅や車中での公共性を習得することを呼びかけ、いわば鉄道という新しいメディアを利用するリテラシーを習得することで、新たな近代社会の「ツーリスト」になることを促す活動に取り組んでいたのである。「ツーリスト」とは、民主化と商業化を土台にして出現した、近代的自由を謳歌する旅人の姿であり、それは望めば誰でもなることができる開かれた新しい社会の主体像だった。

　こうして木下淑夫が設計した「ツーリスト」の思想は、ビューローの初代幹事を一〇年あまり務めてその事業の基

礎を築いた「育ての親」である生野團六をはじめ、多くの関係者たちによって受け継がれ、木下の死後にも研磨されていった。そして「賓」から「ツーリスト」へと転換し、外客誘致だけでなく国内観光の促進にも事業を拡大していったビューローは、かつての喜賓会とはおよそ異なる「ツーリスト」の思想を体現する組織として、国内外に広大なネットワークを張り巡らしていった。そうした「ツーリスト」の誕生と、そこに込められた思想を改めて知ることは、今日の観光事業や観光研究に携わる人びとはもとより、観光する人びと、すなわち現代の「ツーリスト」たちにも価値ある機会となるだろう。

人はただ観光すれば、「ツーリスト」になるわけではない。そして「賓」を喜ぶ「おもてなし」の不安定な慈善活動と、「ツーリスト」を対象とする持続可能で近代的な観光事業を、切り分けて考えるべきである——そうした示唆に富む観光史の智恵を紐解くために『ツーリスト』を再読し、木下淑夫をはじめとするビューロー関係者たちが「ツーリスト」に込めた思想を再考することは、「観光立国」の路線を突き進むこれからの日本においてさらに価値を高めていくことになるだろう。

（やまぐち・まこと　獨協大学外国語学部教授）

(1) 福永香織「木下淑夫と日本の観光政策」（日本交通公社公式サイト、コラム三八〇号）、二〇一八年一〇月九日公開、公益財団法人日本交通公社（https://www.jtb.or.jp/column -photo/ 最終アクセス二〇一九年一月一五日）

(2) 財団法人日本交通公社社史編纂室『日本交通公社七十年史』株式会社日本交通公社、一九八二年。なお同書は喜賓会をジャパン・

ツーリスト・ビューローの「前身」とし、「結果としてビューローは喜賓会の伝統と精神とを承継したといえよう」と記す一方で、その通説とは異なる別説を支持する資料も紹介している。その詳細は本文で後述するが、このことは慎重な検討を必要とするテーマである。

(3)「渋沢男爵演説」『ツーリスト』第一巻第一号、一九一三年六月、九―一三頁。

(4)こうした問題意識から、これまで通読することが至難だったビューローの機関誌『ツーリスト』の全巻復刻は、多くの研究者の再検討を可能にすることで、大きな学術的意義を果たすといえる。

(5)木下淑夫「思出づるままに（ツーリストビューローの設立まで）」『ツーリスト』第五巻第三巻、一九一七年五月、二四―二七頁。

(6)白幡洋三郎『旅行ノススメ――昭和が生んだ庶民の「新文化」』中公新書、一九九六年、一八―一九頁。

(7)木下淑夫「ツーリスト・ビューローの過去及将来」『ツーリスト』第一〇巻第二号、一九二二年三月、一三―一七頁。

(8)前掲『日本交通公社七十年史』、一一―一二頁。

ジャパン・ツーリスト・ビューローと『ツーリスト』

福永香織

1　『ツーリスト』発刊の背景、変化する目的

ジャパン・ツーリスト・ビューロー（以下、ビューロー）は外客の誘致と外客に諸便宜を図り、国際観光に関係する諸事業者との連絡、外客に対する日本の紹介・斡旋などの事業を行うことを目的として一九一二（明治四五）年三月に設立された。当時、我が国では日本を訪れた外客を歓待することを目的とした喜賓会（一八九三〈明治二六〉年に発足）が活動をおこなっていたが、同会の対象はあくまでも日本に来訪した外客であり、外客誘致を積極的に働きかけるものではなかった。米国での留学や欧州での調査を終えて帰国し、鉄道院営業課長に任ぜられた木下淑夫は、海外における日本への理解度の低さに落胆しており、日本の姿を正しく知ってもらうためには実際に日本を訪れてもらうことが最善の策であると考えていた。このことはビューロー設立の大きな動機となり、その後、関係者に働きかけて、その構想を実現させていくことになる。

その一方で、外客誘致の考え方や英語の社名は国内ではまだなじみが薄く、多くの無理解や偏見があった。それは上位組織である鉄道院の内部でも同様であり、ビューローの仕事に対する理解度は必ずしも高いわけではなかった。

こうした背景のもと、設立後間もなく検討された事業計画においては会報、機関雑誌の存在について触れられており、一九一三（大正二）年三月に開催された常務理事会において、ビューロー各機関相互の連絡や会員への報告、外客誘致の注意事項を記すことなどが示されている。[1] また、『ツーリスト』創刊号の「発刊之辞」をみると、日本の観光事業の規模は欧米諸国に比べて小さいこと、外客による消費額は大きく国家事業たるべきものであること、観光が関連する事業は幅広く、それぞれが研究・改善すべきであること、『ツーリスト』がそれを奨励し、共同連絡の資となるべきこと等が示されている。その目的を実現するべく、国内はビューロー、役員、会員、主要ホテル、各府県市、各商工会議所、大公使館、領事館、各協会、主要学校、新聞通信社、外交団体、旅行関係業者、海外では、ビューロー各代理店、各国大公使館、領事館、汽船、鉄道、ツーリストビューロー、寝台会社、トーマスクック、主要新聞雑誌社、各種協会、ホテル旅行倶楽部、各種ツーリスト関係業者、図書館、日本人学校等に頒布された。その反響の大きさは、希望者多数につき第三六号（一九一八〈大正七〉年三月）から一般希望者に印刷実費[2]で販売を開始したこと、第三八号（一九一九〈大正八〉年七月）からは、宮内省の命により東宮殿下に献本するようになったこと、第三九号（一九一九〈大正八〉年九月）から有料広告を掲載したことにも現れている。

『ツーリスト』発刊当時は、会員の相互連絡や外客誘致に対する国民の意識醸成が主な目的であったが、編集方針を変更した一九一六（大正五）年には、英文欄では外客の来遊を促す記事を拡大し、和文欄では同業者の参考になるような記事を充実させた。単に会員相互連絡の手段にとどめずに外客誘致に関する全てを包含する広意義のものとするためである。

さらに、一九三六（昭和一一）年に発行された『ビューロー読本』には、国内外が連携して世界のツーリスト事業を発展させ、あわせて国際親善を図ることが使命として書かれている。その後、時代とともに視野は広がり、日本の

みならず世界の観光産業への寄与にも言及している点などは、観光事業の成熟度が高まりつつある様子を垣間見ることができる。

(1) 当初は会報や機関雑誌という形で表記されており、『ツーリスト』というタイトルが見られるのは、『ジャパンツーリストビューロー大正二年度事業報告』以降である。

(2) 当初は40銭。第四三号（一九二〇〈大正九〉年五月）からは60銭に値上げされ、第八八号（一九二八〈昭和三〉年一二月）から50銭に値下げされた。

2 ビューローの出版物の礎となった『ツーリスト』

『ツーリスト』はビューローにとって最初期の出版物である。発足当時のビューローにおいて出版物の統括をおこなっていたのが初代監事の生野團六であった。生野は欧州出張の際に各国のポスターや出版物を収集し、ビューローの創立披露会で報告するなど、国内外の出版物の事情に通じていた。海外の出版物等を参考にしながら、日本を訪れる外国人向けのものと、海外に居住する外国人向けのものを明確に区別して制作していたことも興味深い。

生野は、当初、印刷物のデザインを日本画家や洋画家に依頼したものの、納得がいくものには及ばなかった。そこで、鉄道院技師でビューロー主事の中村次郎と懇意であった黒田清輝に相談し、紹介されたのが黒田の門下であり、三越呉服店図案部に所属していた杉浦非水であった。杉浦は『ツーリスト』の表紙デザインのみならず、海外向けの英文日本案内『JAPAN』（一九一三〈大正二〉年）や、ビューローで最初に制作したポスター（一九一六〈大正五〉年）、海外向けのクリスマスカード、ビューローの社章など、ビューローの主要な出版物のデザインを手がけた。

表　『ツーリスト』経緯

1912（明治45）年	第1回理事会（5月）で協議された事業計画において、機関雑誌としての存在が触れられる。
1913（大正2）年	常務理事会（3月）や理事会（5月）において『ツーリスト』の発刊ついて決議される。 6月10日『ツーリスト』第1号発行。 第3号（12月）より英文欄が追加される。
1916（大正5）年	英文欄では外客の来遊を促す記事を多く掲載。和文欄では同業者の参考になるような記事を多く掲載した。
1918（大正7）年	配布希望者の増加により、印刷実費（40銭）で販売。第39号から有料広告を掲載。
1919（大正8）年	発行部数増加（1月）。 『避暑旅程と費用概算』を『ツーリスト』の附録として発行（7月）。 宮内省より東宮殿下に献本するよう命があり、第7巻4号以降より毎号献本。 旅行相談欄を設けて直接来訪不能な人々への質疑応答をはかる。
1928（昭和3）年	隔月刊から月刊となる。
1936（昭和11）年	日本語での記事を『旅』に併合し英文誌となる。和文欄のような記事は、国際観光協会の『国際観光』や、日本旅行倶楽部の『旅』に任せ、7月から英文のみを掲載。
1939（昭和14）年	1月以降誌面の一部を、朝鮮・満洲・中国・ハワイ方面の風物紹介に当て、東洋観光会議参加国の観光当局と連携して国内宣伝に努める。
1941（昭和16）年	8月以降欧米向け発送を廃止し、東亜共栄圏内における旅行斡旋機関、ホテル、文化団体向けとし、5月に『TOURIST & TRAVEL NEWS』と改題。
1943（昭和18）年	用紙配給を止められ4月号を最後に廃刊。

原稿自体は、ビューローの職員をはじめ、海外の研究者や事業者、新渡戸稲造や高浜虚子といった国内の多様な知識人や文化人などを巻き込みながら展開していったが、ビューロー自体の運営費が厳しい中で外部の執筆者に原稿料を支払うことは難しく、国内の執筆者には全て好意で、海外の執筆者には薄謝で執筆していただいた。

英文欄の執筆については、英語学者の権威であった武信由太郎に推薦を依頼し、紹介されたのがジャパンタイムスの英字新聞記者であった勝俣詮吉郎（のちに早稲田大学名誉教授）であった。校閲については木下淑夫が開設した英語練習所の講師でもあったスチーブンスに依頼。両氏の力により『ツーリスト』の英文欄は模範的な文章として評価された。

さらに遊覧案内などは、現地までの交通機関や所要時間、見物場所、宿泊施設および料金など全てが正確であり、ビューロー本部の主任であった杉野敬次郎による地図も好評を博した。

また、特筆すべきことは第三八号（一九一九〈大正八〉年七月）の付録として発行した『避暑旅程と費用概算』[3]が好評を博し、『旅程と費用概算』として別刷で出版されるようになったことである。当時、一般的な旅行案内書が美文調だったのに対し、距離・時間・費用を見やすく正確に記載した同書は画期的であり、次第に旅行案内書としての存在を確立していった。同書はその後、『ツーリスト案内叢書』（一九三五〈昭和一〇〉年創刊）へと発展し、『全国旅行案内』（一九七〇〈昭和四五〉年）へと引き継がれた。妥協することなく丁寧に作り上げていった『ツーリスト』は多くの読者に信頼され、ビューローの出版物の伝統と基礎が築かれた。

(3) 邦人避暑客のため、19の避暑旅程に関する必須事項を網羅した冊子。『避暑旅程と実際費用』として一九一九（大正八）年に発行し、残部を一部15銭で販売した。一九二一（大正一〇）年に『旅程と費用概算』に、一九五六（昭和三一）年に『旅程と費用』に改題。

（ふくなが・かおり　観光政策研究部 主任研究員）

〈参考文献〉

『過去一年に於けるジャパン・ツーリスト・ビューロー』ジャパン・ツーリスト・ビューロー、一九一三年
『ジャパンツーリストビューロー大正二年度事業報告』ジャパン・ツーリスト・ビューロー、一九一四年
『ビューロー読本』ジャパン・ツーリスト・ビューロー、一九三六年
『回顧録』ジャパン・ツーリスト・ビューロー、一九三七年
『四拾年の歩み 1912-1952』（財）日本交通公社、（財）日本交通公社、一九五二年
『この人々』青木槐三（編）、日本交通公社、一九六二年
『日本交通公社50年史』日本交通公社、日本交通公社、一九六二年
『日本交通公社七十年史』日本交通公社、日本交通公社、一九八二年
『近代日本の旅行案内書図録』荒山正彦、創元社、二〇一八年

旅の図書館と雑誌『ツーリスト』

大隅一志

1　デジタルコレクション『ツーリスト』が誕生するまで

『ツーリスト』は、『旅』と並ぶ旅の図書館自慢のデジタルコレクションの一つであり、このデジタルデータは本復刻版の底本となっている。当館を運営する公益財団法人日本交通公社の前身であり、一九一二（大正元）年にわが国の外客誘致・斡旋機関として発足したジャパン・ツーリスト・ビューロー（以下、ビューロー）の黎明期の活動を記録する資料として、機関雑誌『ツーリスト』は、当館にとってもっとも貴重なコレクションといえ、創刊号からすべての号を所蔵しているのは当館のみである。

『ツーリスト』のデジタル化は、二〇〇二（平成一四）年から先行して着手した『旅』に続き、二〇〇五（平成一七）年までにデジタル化作業が進められた。現在は両誌とも全号が当館内の専用端末にて閲覧が可能である。

当初、『ツーリスト』は、当財団から一九六三（昭和三八）年に分離した㈱日本交通公社（現㈱ＪＴＢ）が保有しており、東京駅丸の内北口の国鉄本社ビルに隣接した交通公社ビルの地下倉庫に永らく保管されていた。二〇〇一（平成一三）年の同社本社の天王洲（東京都品川区）への移転を機に、当財団（旅の図書館）に移管されることとなった。移管した当時は、バラのもの、合本されたもの等その形態は様々であった。

デジタル化への着手は、旅行雑誌『旅』が先行して行われた。大正から平成まで続くガイドブックのシリーズはな

く、その意味で『旅』は各時代の旅行の流行や傾向を知ることのできる希少な資料である。そのため、来館者の『旅』の閲覧頻度は高く、紙の傷みが進み、繰り返される複写のため合本が壊れるほどとなり、そのままでは利用者の閲覧に供することが難しい状況となった。また当時は、目次コピー及び書名・著者名での検索のみにとどまっていたサービスの充実を図り、多くの利用者に閲覧いただけるようにするため、目次入力及び全記事のデジタル化に着手したのである。

一方、『ツーリスト』については、当館に移管当時、組織内においてもその重要性や価値が十分認識されていたわけではなかった。当然のことながら、大衆向けの旅行雑誌『旅』ほど一般の利用者に注目される存在でもなかった。デジタル化へのきっかけは、ジャパン・ツーリスト・ビューローの生みの親である木下淑夫と親交のあった高浜虚子の未公開記事が掲載されていることを知った個人研究家や、「喜賓会」について調べる学生などが現れ、閲覧ニーズが次第に顕在化してきたことである。こうした利用者の声に応えるため、すでに先行して取り組んでいた『旅』のデジタル化作業と並行して、『ツーリスト』についても目次入力を進めすべてホームページ上で公開するとともに、全記事のデジタル化に着手することとなったのである。

デジタル化作業には多くの苦労を伴った。例えば、当時『ツーリスト』はバラのものと合本されたものが混在していたため、合本は一度解体してスキャンする必要があった。また一部欠号もあったため、それらは、欠号を所蔵する立教大学新座図書館に通いコピーを取り、それでも不足している号は早稲田大学や国立国会図書館にも複写依頼を行うなどして、ようやく全号の収集にいたった。

2　閲覧記録から見える『ツーリスト』の価値

デジタルコレクションは、二〇一四（平成二六）年にビューワーを改良し、現在では、全記事について、キーワー

ドや著者名、出版年月などから検索し、求める記事を容易に閲覧することができる。さらに、特定の期間にどのような記事がよく閲覧されたか、閲覧ランキングを集計し表示することも可能である。

ちなみに、閲覧記録の集計が可能になってからの二〇一四（平成二六）年四月～二〇一八（平成三〇）年一二月の約五年間（ただし二〇一五年一〇月～二〇一八年九月は移転準備で一時休館のため実質四年間）に閲覧された記事総数は七、四七二件にのぼる。

このうち、この期間に最も良く閲覧されたのは、杉浦非水による創刊号（一九一三年六月）の表紙画像（110回）で、次いで同創刊号の目次（58回）であった。杉浦非水は同時期に三越のポスターのデザインも手がけていた当時の我が国の代表的なグラフィックデザイナーであり、日本の魅力を海外に発信する役割を担っていたビューローの意気込みが感じ取れる。同氏の画は以降一九三二（昭和七）一二月号まで表紙を飾った。

表紙・目次を除く全記事のうち、閲覧回数の多かった記事は文末の表の通りである。一九一三年六月の創刊号に関するものが上位を占めており、全般にビューロー黎明期である大正期の記事がよく閲覧されていることがわかる。

著者では、ビューローの生みの親である木下淑夫や、同氏とともにビューローの黎明期を支え組織としての基盤確立に尽力した生野團六、猪俣忠次などの記事がランキング上位に多く含まれている。また「喜賓会」の活動を紹介した渋沢栄一の記事なども上位に挙がっている。

当館に『ツーリスト』が移管された頃に比べ、わが国のインバウンドを取り巻く環境は大きく変わり、観光政策の重要な柱となった今日、『ツーリスト』は、大正～昭和初期のインバウンド政策がどのようなものであったのかを具体的に知ることのできる貴重な資料として注目されつつあり、その閲覧のために来館される人も少なくない。

『ツーリスト』は、こうしたインバウンド政策の研究以外にも、文学研究や郷土研究など幅広い分野においても有用な文献であるようだ。日仏外交史研究家で日仏交流に関わる美術品収集家としても知られるクリスチャン・ポラッ

ク氏は、当財団機関誌『観光文化』に「フランスの広重＝ノエル・ヌエット」（平成一五年三月号）を寄稿された。ノエル・ヌエットは東京の風景などを版画に残したフランスの詩人で、『ツーリスト』の一九三七（昭和一二）年二月号で、「Wood-Cut Prints from Pen Sketches」と題し、六頁にわたり広重の浮世絵と対比した東京のスケッチを掲載していた。その後、その中の一枚の絵がポラック氏のコレクションと同じものであることが判明したことで、同氏は大層感激されたという。[1]近年も、『ツーリスト』の閲覧を目的にはるばる海外の日本文学研究者が来館されたり、自身の論文や出版のために『ツーリスト』の記事の引用や掲載の申請を受けたりすることもしばしばである。

博物館からの依頼に対し調査や展示協力をすることもある。東京都江戸東京博物館の「美しき日本—大正昭和の旅」展（二〇〇五〈平成一七〉年八～一〇月）、東京国立近代美術館の「ようこそ日本へ　1920-30年代のツーリズムとデザイン」展（二〇一六〈平成二八〉年一～二月）、京都鉄道博物館の「LOVE Tabi～時代とハートを動かす旅」展（二〇一八〈平成三〇〉年九月～二〇一九〈平成三一〉年一月）などの企画展は、あらためて様々な分野における『ツーリスト』の価値を再認識させてくれた。

本復刻版が、『ツーリスト』の存在をより多くの人が知る機会となり、観光・旅行分野のみならず、多分野において様々な視点から研究資料として有効に活用されることを願ってやまない。

（1）東商新聞二〇〇九年八月二〇日「専門図書館この逸品」（旅の図書館館長　渡邉サト江氏）より抜粋

（おおすみ・かずし　旅の図書館　副館長　主任研究員）

表　旅の図書館における『ツーリスト』閲覧ランキング上位記事
（閲覧回数７回以上：2014 年１月～ 2018 年 12 月）

記事	著者	発行年	月	閲覧回数
口絵 : ジャパン、ツーリスト、ビューロー本部及び神戸案内所写真		1913	6	42
発刊の辞 : ツーリスト発刊の辞		1913	6	38
設立の趣旨 : ジャパン、ツーリスト、ビューロー設立趣旨	会長 工学博士 平井晴二郎	1913	6	25
論説 : 澁澤男爵演説		1913	6	18
表 4: ジャパン、ツーリスト、ビューロー案内		1913	6	14
会報 : 英文日本案内成る		1913	12	14
紀元 2600 年・日本万国博覧会		1936	1	14
外賓漫録 : 渡来外客統計比較		1913	10	13
遊覧案内 : 箱根及び熱海案内		1913	12	13
外賓漫録 : 大正二年中本邦渡来外人統計表		1914	4	13
観光客を迎うる態度について	二荒芳徳	1932	4	12
英文欄 : 11 ページ (逆ノンブル)		1913	10	11
英文欄 : 26 ページ (逆ノンブル)		1914	2	11
大正 6 年中本邦渡来外客数		1918	3	11
大正 7 年ツーリスト事業回顧	猪股忠次	1919	1	11
大正十年ツーリスト事業と所懐	猪股忠次	1922	1	11
文化宣伝と観光外客	清水博	1930	9	11
奇書 : 旅行趣味について	南満洲鉄道会社総裁 中村是公	1913	6	10
論説 : 外客待遇上日本式旅館に対する希望	幹事 生野團六	1913	8	10
会報 : 大正二年度来訪外客統計		1914	6	10
雑録 : 大正三年度渡来外客数について		1915	6	10
雑録 ： 大正４年渡来外客数について		1916	3	10
思出ずるままに	木下淑夫	1917	5	10
大正 6 年ツーリスト事業回顧	生野團六	1918	1	10
奇書 : 床次鉄道院総裁談話		1913	6	9
論説 : 欧州各国に於ける外客誘致に関する施設	幹事 生野團六	1913	6	9
英文欄 :20 ページ (逆ノンブル)		1913	12	9
遊覧案内 : 奈良案内 附法隆寺		1914	4	9
ツーリスト・ビューローの過去及び将来	木下淑夫	1922	3	9
富士山麓周遊案内	春野薫	1925	5	9
食堂車物語	大塚常吉	1926	9	9
喜賓会に就いて	渋沢栄一	1932	4	9
論説 : 阪谷男爵演説		1913	6	8
会報 : ジャパン、ツーリスト、ビューロー本部支部及び案内所の状況		1913	6	8
論説 : 欧州各国に於ける外客誘致に関する施設 (前承)	幹事 生野團六	1913	8	8
会報 : 会長の更迭		1913	8	8
英文地図 : 箱根・熱海		1913	12	8

記事	著者	発行年	月	閲覧回数
口絵 : 日光陽明門・華厳滝 (英文の分)		1914	2	8
英文欄：29 ページ (論説：一九一五年に於ける日本／遊覧案内：京都の郊外)		1915	2	8
遊覧案内：金剛山 (朝鮮)		1916	3	8
雑録：大正４年中渡来外客数及び上陸地別表		1916	5	8
経済調査会に於ける漫遊外客誘致に関する施設案の決議について	生野團六	1916	11	8
外国人旅客に対する東京案内	志賀重昂	1917	1	8
朝鮮に於ける名所旧跡の保護機関 (3)		1917	9	8
外人漫遊客の待遇について	木下淑夫	1918	1	8
昭和９年５月ＪＴＢ主催「ツーリスト」誌上万国ポスター展覧会		1934	5	8
The Traveller’s Utopia:Japan(観光客のユートピア)	Henry Noel （H. 能恵留）	1934	11	8
会報 : 展覧会		1913	6	7
役員姓名		1913	6	7
口絵 : 伊香保温泉全景・草津温泉時間湯の光景		1913	10	7
会報 : ビューローに関する広告		1913	10	7
雑録 : 大正４年度上半期ビューロー来訪外客数調		1915	12	7
The Mortuary Temple at Shiba and Ueno		1916	3	7
寄書：芝と上野の霊屋	遠藤松雨	1916	3	7
会報：改版英文日本案内		1916	3	7
日露協約の成立と露客誘致	生野團六	1916	9	7
会報		1916	9	7
附録：経済調査会決議「漫遊外客誘致に関する施設」案に対する批判		1917	1	7
雑録：大正５年度上半期ビューロー来訪外客数		1917	1	7
ツーリスト資料：東京より倫敦 (ロンドン) へ	三上眞吾	1917	3	7
雑録：外人渡来客の増加		1917	3	7
外客誘致の第一策	村上恭一	1917	7	7
My Visit To YUMOTO, Nikko(日光湯本行)		1920	7	7
時事雑感	生野團六	1921	11	7
ホスピタリチーの養成	田中次郎	1922	3	7
The No or Mask Play of Japan(能狂言の観賞に就いて)	Yone Noguchi (野口米次郎)	1929	5	7
映画プラン近代の日本	喜安保	1930	6	7
The No Drama of Japan(能の話)		1931	1	7
文化現象としてのツーリズム	池田曄	1931	9	7
近く紐育（ニューヨーク）に出現せんとする摩天楼群（ロックフェラーセンター）		1933	2	7
（歌）有馬温泉	浅野梨郷	1934	12	7